AF267709

GRANDE ACTUALITÉ CONTEMPORAINE

NAPOLÉON III

ET

LA FRANCE

EN 1889

PRIX : **UN FRANC**

PARIS
IMPRIMERIE MODERNE, Dʳ TOWNE
5, Rue Saint-Joseph, 5

1889

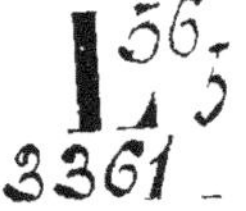

NAPOLÉON III

ET

LA FRANCE

EN 1889

PARIS

IMPRIMERIE MODERNE, Dʳ TOWNE

5, RUE SAINT-JOSEPH, 5

1889

NAPOLÉON III

ET

LA FRANCE EN 1889

Nous n'avons pas la prétention, avec ce titre, d'écrire l'histoire du second empire; cette histoire sera écrite en son temps, dans de gros volumes, par les hommes compétents. Nous voulons simplement rappeler les plus grandes fautes commises par l'homme de Sedan, exposer comment un malheureux événement conduisait à un autre événement encore plus malheureux, et comment le Parvenu fut fatalement poussé à sa perte. Ces fautes et ces événements ont tellement compromis la France, que tout patriote français devrait les avoir toujours présents à la mémoire.

Le prince Louis Napoléon, devenu plus tard César de France, passa toute sa première jeunesse en Italie, c'est-à-dire de 7 à 23 ans. Il y fit ses études littéraires, comme aussi sa première éducation politique. Il habitait les Romagnes et se trouvait ainsi sujet du Pape. Les Romagnols furent toujours les plus turbulents et les plus révolutionnaires de toute la Péninsule Italienne. Ils ne supportaient pas volontiers le joug papal, et leurs tentatives de rébellion occasionnèrent plus d'une fois la descente des Autrichiens dans leur province, lesquels, ensuite les torturaient et les rançonnaient. Louis Napoléon entra dans la secte des *Carbonari (charbonniers)* et devint un petit conspirateur.

La révolution française de 1830 enflamma les esprits, réveilla chez tous les peuples opprimés l'esprit d'indépendance, de liberté et de nationalité. Le prince Louis Napoléon fait soulever les Romagnes, et descend sur Rome à la tête d'une colonne d'insurgés qui grossit sur son chemin. Mais arrivée dans l'Ombrie, la colonne est arrêtée et dispersée à Spoleto où était alors Évêque Pie IX, et notre jeune *carbonaro* qui voulait se ceindre la couronne de roi de Rome au Capitole, dut s'enfuir à la dérobée dans la direction de la Toscane. Il dit adieu à Rome et à l'Italie et vint flairer la France.

On connait son échauffourrée de Strasbourg en 1836, et celle de Boulogne en 1840. Cette dernière le conduisit au fort de Ham, d'où il réussit à s'évader pour fuir en Angleterre.

La révolution populaire du 24 février 1848, détrona Louis Philippe, et proclama la République, et la République rouvrit les portes de la France à Louis Napoléon, au prince Prétendant. Le peuple l'élut Président de la République le 10 décembre 1848, et le fit entrer à l'Elysée Bourbon, et de l'Elysée Bourbon il passa aux Tuileries le lendemain de son coup d'Etat du 2 décembre 1851. Le petit *carbonaro* romagnol devenu César de France ! cela semblait de l'histoire incroyable. Il dut se trouver ivre de joie dans ce premier moment, en pensant au chemin de fait, à la position conquise. Cependant le cauchemar qui troubla son sommeil et le tortura pendant ses dix huit ans de règne, dut l'assaillir dès les premiers jours, et ce cauchemar, c'était les Traités de 1815 dont l'art. 1er dit textuellement : « *La famille des Bonaparte est exclue à jamais du Trône de France.* » Oui, pendant dix huit ans, il fut dans un état de perplexe anxiété, il délirait jour et nuit comme un malade devant le fantôme des Traités de 1815. Et il ne se mut et n'agit pendant tout son règne que pour les détruire.

Napoléon III inaugura son règne par des paroles sages. Dans son discours de Bordeaux, il dit : *l'Empire, c'est la paix.* Il devait tenir ce langage, ne pouvant parler autrement. Il est bien vrai que le Coup d'État fit tressaillir de joie le gouvernement de Turin, car le lendemain du 2 Décembre, Députés et Sénateurs subalpins se donnaient des poignées de main, faisaient des présages, fondait des espérances sur le *carbonaro* romagnol devenu César de France, comme aussi le César de France fondait lui-même des espérances sur le Piémont pour faire, à l'aide de la France, l'Italie une, et avoir ensuite cette Italie alliée de la France et de l'Empereur. Mais que pouvaient le petit Piémont et un empereur qui pâlit en lisant l'art. 1ᵉʳ des Traités de 1815, qui craint la coalition européennes. O Providence, Sainte Providence! Le Czar de toutes les Ru-sies vient les tirer d'embarras. L'empereur Nicolas veut donner suite au testament de Pierre le Grand, et fait descendre une armée sur Constantinople. L'Angleterre s'effraye et invoque le secours de la France. Le Piémont entre dans la Ligue et fournit une armée de 15,000 hommes. L'Autriche elle-même au nom de la Confédération germanique, fait avancer une armée sur le Pruth pour contester le pas à l'armée russe. On connait le résultat de l'expédition de Crimée. Cette fois la glace est rompue, le moment propice pour opérer est venu. Il n'y a plus rien à craindre des coalisés de 1815, puisqu'ils viennent de s'entre-battre. Napoléon et Cavour ont eu le temps de s'entendre, et ils se sont entendus. Cavour entre au Congrès de Paris, se pose en avocat général, peint l'état moral de l'Italie, et fait un réquisitoire en règle contre l'Autriche, le Pape et tous les Bourbons régnant dans la Péninsule. Bonaparte prêtera son concours pour l'éxécution des condamnés.

Le 1ᵉʳ janvier 1859, à la réception du Corps diplomatique aux Tuileries, l'empereur souhaita la bonne année à Mʳ de Hubner, ambassadeur d'Autriche, par un reproche et une menace à l'adresse de son souverain. C'est une déclaration de guerre. Le 25 avril, l'armée française passe les Alpes et rejoint son allié. Victor Emmanuel commande ses braves Piémontais; Garibaldi est à la tête des intrépides volontaires de toute la Péninsule. Français, Piémontais et volontaires se battent admirablement. L'ennemi se retire en cédant le terrain qu'il ne peut défendre. L'empereur arrive lui-même sur le théâtre de la guerre, et dans une proclamation signée à Mi'an, il annonce que l'Italie sera libre des Alpes à l'Adriatique. La France est généreuse, s'écrie-t-il, elle seule fait la guerre pour une idée. Mais, ô déception, arrivé sur le Mincio, sous les murs du *Quadrilatère*, le vainqueur offre la paix aux vaincu. On s'étonne, on s'indigne de cette halte ; il faut cependant se résigner, car les Prussiens menacent de mobiliser toutes les forces allemandes et de les faire descendre sur le Rhin. Mais les victoires de la Lombardie sont toujours un immense succès obtenu. Par le Traité de Villafranca, la France fait reconnaître à l'Autriche le principe de *non intervention*, et grâce à ce principe, l'Italie devient plus maîtresse d'elle-même, plus libre dans ses mouvements. Cialdini et Garibaldi feront le reste.

Nous n'entrerons pas dans les détails d'événements connus de tous, L'histoire a déjà enregistré cette première et principale partie de l'émancipation italienne qui s'opéra comme par enchantement. L'ivresse était dans tous les cœurs. Cavour et Garibaldi qui jouaient les principaux rôles devenaient des demi-dieux, non-seulement aux yeux des Italiens reconnaissants, mais de l'Europe étonnée. Cavour semblait fasciner les hommes politiques par son astuce et sa hardiesse ; Garibaldi par son audace et sa fortune, faisait l'admiration universelle ; il était dans tous les cœurs, dans toutes les bouches ; tous criaient : *Vive Garibaldi!*. C'était le héros du jour, il éclipsait tout. Du reste, Garibaldi est un type particulier, un homme exceptionnel. Son passé est pur et sans tache ; comme Bayard, il est sans peur et sans reproche ; on le voit partout un champion de la liberté et de l'indépendance des peuples, à Montevideo, à Rome, dans la Lombardie, à Marsala, sur le Volturne, et plus tard à Dijon ; son regard captive et séduit ; ses discours respirent à la fois le sentimentalisme et la révolution ; sa valeur militaire en a fait un héros, son désintéressement une vertu.

Ces deux grands hommes avaient servi leur pays, mais ils avaient servi aussi l'ambition de Bonaparte. Il serait difficile de dire qui étaient plus heureux de Victor Emmanuel, Cavour, Garibaldi et tous les combattants pour l'indépendance italienne, qui voyaient leur patrie se libérer, l'Italie se faire, devenir une et libre, et Napoléon III qui voyait l'Autriche repoussée, les Bourbons chassés de la Péninsule, Lamoricière battu par Cialdini, le Pouvoir temporel du Pape réduit à une simple expression, Nice et la Savoie passer à la France, et un grand pas de fait dans le sens de la destruction de Traités de 1815,

Jusque-là, Cavour et Napoléon avaient opéré d'accord, mais si la mort n'eût pas enlevé Cavour de la scène politique au moment de leur commun triomphe, ils allaient devenir deux implacables rivaux, une lutte terrible se serait engagée entre eux à l'égard de Rome.

Nous reviendrons sur Cavour.

Jusque-là Napoléon avait été bien inspiré, et avait opéré heureusement, nous dirons même glorieusement ; il avaitfait beaucoup de choses avec peu de moyens. Désormais son étoile pâlira, il ne fera plus un pas, un seul pas, qui ne soit la cause et la préparation de sa chute.

Le spectre des Traités de 1815, avons-nous dit, était toujours au chevet de Napoléon III et ne lui laissait point passer une nuit tranquille, et pour les détruire, il voulait s'imposer àl'Europe. Or, un Congrès sert à deux fins, ou il est la suite d'une longue guerre dans laquelle le vainqueur ou les vainqueurs dictent la loi au vaincus, ou on s'en sert pour arriver à une guerre.

CONGRÈS

Le 5 novembre 1862, Napoléon III réunit aux Tuileries, comme ouverture du Corps Législatif, Sénat et Corps Législatif, dans la salle des Maréchaux, et, dans un discours célèbre, il annonce au monde que les traités de 1815 sont morts, et pour les enterrer, il invite les Grandes Puissances de l'Europe à se rendre à Paris pour les enterrer. Cette pieuse cérémonie terminée, on se constituera en Congrès.

On se rendra à l'invitation, dit-il, car celui qui l'a fait parle au nom de 'a France, de la grande nation. Si on ne s'y rendait pas, on ferait croire à des intelligences qui craignent la lumière.

Mais la perfide Albion, l'alliée de l'Empire et de l'Empereur, arbore le drapeau de la résistance, elle est la première à donner une réponse négative et formulée.

Autriche, Prusse et Russie s'y rendraient si elles connaissaient les sujets à traiter.

Le sultan s'y rendra avec empressement, à condition qu'il ne sera pas parlé de ses Etats.

Le Pape ne sera pas moins empressé que le Sultan ; il s'y rendra, mais à condition qu'on lui rendît ses Romagnes, ses Marches et son Ombrie.

Victor Emmanuel accepte sans condition, sous entendu, qu'on lui donnera Rome, même sans la demander.

Tout tourna au comique.

Mais Napoléon avait terminé son discours en disant que si le Congrès faisait fiasco, il recourrait à la guerre, et il y recourut en effet.

En 1862, était déjà apparu sur la scène politique un homme nouveau qui sera le rival, l'ennemi mortel de l'Empire et de l'Empereur, et fini l'Empire, il continuera son duel à mort contre la France ; et cet homme, c'est Bismarck.

En 1865, au mois d'octobre, Napoléon était en villiégiature à Biarritz, il appelle à soi Bismarck, qui répond à l'invitation. Là, on complote, on discute une triple alliance, dans laquelle entre en première ligne la Prusse et l'Italie ; en seconde ligne la France.

La Prusse et l'Italie devront opérer d'accord et simultanément contre l'Autriche ; la Prusse pour chasser l'Autriche de la Confédération germanique et constituer l'unité allemande ; l'Italie pour revendiquer la Vénétie. La France interviendra, s'il est nécessaire pour assurer le triomphe des armes de la Prusse et de l'Italie. Bismarck se montre candide ; il représente le roi Guillaume son seigneur et maître, comme un vieux *monnier*, plus occupé du ciel que des biens de la terre, et qu'un rien contente. Tout ce qu'on désire à Berlin, ce serait de déchirer le pacte de 1815, de vivre séparé de l'Autriche, de voir celle-ci sortir de la Confédération. Il y aurait toujours deux Allemagnes, celle du Nord sous le Protectorat de la Prusse, et celle du Sud qui s'administrerait et se protégerait d'elle-même. Il fallait ombrager Napoléon le moins possible.

Aux Tuileries, on croyait l'Autriche et la Confédération plus fortes que la Prusse et l'Italie ; on espérait être obligé d'intervenir avec les armes et se trouver ainsi dans le droit de réclamer les provinces de la rive gauche du Rhin pour prix de l'intervention. Mais la marche triomphale des armées prussiennes firent évanouir les espérances, qui se changèrent en angoisses mortelles. Vienne est menacée, l'empire d'Autriche en péril. Napoléon intervient, mais en faveur de l'Autriche. Celle-ci cède la Vénétie à l'Italie pour la désintéresser, et la France menace la Prusse de son intervention. La Prusse s'arrête, et on signe le traité de Prague.

L'Italie n'a pas assez d'encens à brûler en l'honneur des vainqueurs de Sadowa, à la science des généraux, à la valeur des soldats prussiens. Mais n'en déplaise aux admirateurs et adorateurs de la Prusse, le vrai vainqueur de Sadowa fut le fusil à aiguil'e. Avec ces fusils, la Prusse, en quelques jours, avait passé sur le ventre de la Confédération germanique et s'était avancée jusque sous les murs de Vienne. Encore une journée, et elle entrait dans la capitale de l'Autriche, s'annexant les provinces allemandes. L'empire d'Allemagne était formé et aurait compté 50 millions d'habi'ants. Si Napoléon fût intervenu, et il serait certainement intervenu, l'Allemagne ne mettait pas deux mois pour couvrir la France entière de ses soldats, toujours grâce au fusil à aiguille, alors le vrai roi de la terre, France et Autriche étaient démembrées, et devaient naturellement payer l'une et l'autre des milliards à la Prusse.

Ce que l'armée prussienne pouvait faire en une journée, c'est-à-dire entrer à Vienne, et, partant, résoudre son grand problème, Bismarck veut le faire faire à l'Italie. Il rédige une Note diplomatique, connue sous le nom de *Note Usedom*, qu'il envoie à Florence, à l'ambassadeur prussien Usedom lui-même. Celui-ci l'apporte au général Lamarmora, sous les murs du *Quadilatère*. Dans cette Note, Bismarck dit que pour faire une guerre à fond, il faut fondre directement sur la capitale. Il recommande au général Lamarmora de préparer une armée de 60 à 70 mille hommes, dont il donnera le commandement à Garibaldi ; cette armée opérera sur l'Adriatique, débarquera dans la Hongrie, pendant que l'armée prussienne fondra sur Vienne. L'Italie avancera les frais de cette expédition maritime, et la Pru se en remboursera la moitié. Lamarmora prit la Note, la lut et la mit dans son portefeuille, c'est-à-dire qu'il n'en fit rien. Il resta fidèle à Napoléon, et sauva ainsi l'Autriche et la France. Autriche et France auraient déjà dû, par reconnaissance, élever chacune un gigantesque monument à la mémoire de l'honnête et loyal général Alphonse Lamarmora.

Voilà évanouis les beaux rêves de Napoléon sur la guerre prusso-autrichienne, il n'obtient rien de ce qu'il s'était promis de l'unité allemande qu'il a aidé à faire ; il fait demander des compensations sur le Rhin; il se contentera de peu, parce que le canon français n'a pas tonné, mais quelque chose il faut, afin que ce peu serve de satisfaction à la France. Après plusieurs demandes importunes, Bismarck lui fait répondre comme répondrait Pie IX: *non possumus*.

La cession de la Vénitie à la France, qui, après vingt-quatre heures, en fit à son tour la cession à l'Italie, fit jeter les hauts cris dans toute la Péninsule. On s'indigna de voir flotter le drapeau français vingt-quatre heures de temps sur le clocher de Saint-Marc, à Venise. Cette cession devenait cependant nécessaire pour justifier l'intervention de la France en faveur de l'Autriche contre la Prusse; elle justifiait les promesses du discours de Napoléon, prononcé à Milan : « l'Italie sera libre des Alpes à l'Adriatique ». L'Italie, obtenant la Vénétie directement ou indirectement de la France, n'avait plus aucun secours à réclamer de celle-ci pour la cession de Nice et de la Savoie; le pacte de Plombières se trouvait exécuté à la lettre.

De son côté la Prusse n'est point contente de son alliée l'Italie, qui ne l'a pas aidée à démembrer l'Autriche ; Prusse et Italie se boudent six mois ; mais l'une et l'autre croient devoir s'entendre dans leur intérêt commun. Le divorce politique de l'Italie abandonnant la France, commence en 1867. La nouvelle Prusse, ou plutôt l'Allemagne, est une insulte à la France de Napoléon III; il faut se prémunir contre les caprices des Tuileries. Et l'Italie de son côté, frémit pour obtenir de nouvelles concessions de la France. La Prusse souffle sous main, les *italianissimes* élèvent la voix et menacent. Mazzini, qui s'est toute sa vie montré jaloux et ennemi de la France, demande 1 million de francs et 100,000 fusils pour briser à tout jamais l'alliance franco-italienne. Rattazzi, déjà le héros d'Aspromonte, veut encore devenir le héros de Mentana. *Mort* ou *Rome*, crie-t-on des Alpes jusqu'au fond de la botte.

Victor Emmanuel se révolte à l'idée d'une guerre avec la France. Mais on le persuade que Napoléon laissera faire comme toujours. En effet, Napoléon avait tout promis, moins Rome; mais pour ne pas paraître aux yeux de l'Europe un conspirateur contre les souverains, il semblait un jour vouloir défendre le roi de Naples ; un jour le Grand Duc de Toscane, un autre jour le Pape, mais tout est successivement envahi, Toscane, Royaume de Naples, Romagnes, Marches et Ombrie. Donc, Napoléon qui a toujours laissé l'Italie aller en avant, la laissera encore entrer dans Rome. Victor Emmanuel se rend, posant toutefois pour condition qu'on s'arrêterait si jamais Napoléon intervenait. On le lui promit, et on tint parole.

Dans le courant de Mars 1867, le Ministère Ricasoli donne sa démission sans motif ni raison, par le fait d'une Volonté auguste, fut-il dit, et cette Volonté auguste, c'est-à-dire le Roi, appelle au pouvoir l'ambitieux Rattazzi, l'exécuteur testamentaire de Cavour.

Garibaldi, qui ignorait tout, est invité par ses amis à laisser son île de Caprera, à venir sur le continent pour préparer un mouvement sur Rome, et aussitôt ses deux fils Menotti et Ricciotti se mettent à parcourir le Napolitain pour communiquer le mot d'ordre aux *italianissimes*. Au bout d'un mois, toute l'Italie est en effervescence. *Morte o Roma, Mort ou Rome*, est le cri de guerre. La police s'empare de Garibaldi et le déporte dans son île. C'est un incident de la comédie, pour cacher le jeu du gouvernement, car les préparatifs continuent avec plus d'ardeur.

A la fin d'Octobre, Garibaldi débarque de nouveau sur le continent, va droit à Florence, monte à huit heures du soir dans un wagon-salon que le Directeur du chemin de fer a fait préparer, parcourt la ligne Florence-Arezzo-Pérouse-Foligno-Terni, et arrive le lendemain sur les terres de Sa Sainteté. Le feu était commencé depuis quelques jours. Les papalins, mieux armés, se défendaient assez bien, mais l'arrivée de Garibaldi les déconcerte ; ils furent battus à *Monte Rotondo*, et Garibaldi descendait tranquillement sur Rome, lorsqu'il rencontra les Français à Mentana. Il les croyait encore à Toulon. Un petit combat s'engagea, et en moins d'une heure 700 à 800 garibaldiens tombent plus ou moins maltraités par les cha-sepots, qui firent merveille, suivant la malencontreuse expression du général de Failly.

A la vue du combat, l'armée italienne qui campait à quelques kilomètres, frémissante et l'arme au bras, télégraphie à Florence pour demander à intervenir. « Ne bougez pas, répondit Rattazzi. » Il serait difficile de peindre l'agitation de la Péninsule dans ces heures convulsives. De toute part, on criait : *avanti, avanti*, en avant, en avant, en ligne droite, sur Rome.

Il y avait alors à Florence deux journaux, le *Diritto* et la *Riforma*, qui étaient devenus hydrophobes. Ils menaçaient le roi, s'il ne se mettait à la tête du mouvement national pour donner l'assaut à Rome ; ils parlaient d'y aller sans lui et de proclamer la République à leur arrivée. Ces deux journaux voulaient la guerre à tout prix avec la France. L'Italie a besoin de gloire, disaient-ils, et ce serait déjà pour elle une gloire que de se mesurer avec la France, même en perdant.

Bismarck désirait entrer en guerre avec la France, mais Bismarck veut opérer à coup sûr ; il voulait faire entrer la France en Italie, provoquée par les *italianissimes*, y compris les ministres du roi ; l'Italie prêtait le flanc. Si, cent à deux cent mille Français avaient débarqué dans la Péninsule, un million ou deux d'Allemands faisaient aussitôt irruption en France. L'Italie rejetait à la mer les Français débarqués, et la Prusse couvrait la France de ses hordes barbares. C'est ainsi que le coup était préparé.

En 1867, lors de la première Exposition universelle à Paris, l'empereur de Russie et le roi Guillaume rendent visite a leur cousin Napoléon. Tout alla bien avec le cousin de toutes les Russies ; au contraire, il y eut querelle de famille avec Guillaume. Aux Tuileries, on réclamait quelque chose sur le Rhin, un quelque chose qui aurait été promis à Berlin pour avoir permis et favorisé l'unité allemande. Mais le *momier* que Bismarck représentait à Biarritz comme si désintéressé des choses de ce monde fait la sourde oreille et repart soudainement pour Berlin. Napoléon fait marcher quelques jours après une armée sur le Luxembourg. Heureusement que lord Clarendon intervint. Une Conférence se tint à Londres. La Prusse consent simplement à évacuer le Luxembourg et à démanteler la fameuse forteresse de ce nom. Vaine satisfaction pour les Tuileries.

Donc, en 1866, Napoléon échappe à un premier péril, grâce à sa témérité, comme aussi à la pusillanimité de Bismarck ; en août 1867, il échappe à un second péril, grâce à l'intervention de lord Clarendon ; en octobre de la même année, il échappe à un troisième et plus grand péril, grâce à la magnanimité de Victor Emmanuel. On lui tendra un nouveau piège, et cette fois la bombe éclatera, et le PARVENU, toujours mal inspiré, disparaitra pour toujours de la scène politique.

La Prusse et les *italianissimes* allaient d'accord et ne cessaient de conspirer. Ils agissaient sur l'esprit de Victor Emmanuel. Ils le persuadèrent qu'il fallait opérer sur l'Espagne pour chasser les Bourbons de la Péninsule ibérique, afin que Rome et le Pape eussent un appui de moins.

Le général Prim passa le mois de Mars 1868 à Florence, et de son côté le général Cialdini alla à Madrid le mois suivant.

Isabelle veillait.

Le télégraphe annonça un beau matin que le duc de Montpensier, Grand d'Espagne et beau-frère de la reine, était tombé en disgrâce et avait été invité à abandonner les Etats de Sa Majesté. C'était dire qu'il entrait dans la conspiration qui se tramait. Finalement, en septembre 1868, a lieu le *pronunciamiento* attendu.

Dans cette conjuration il entrait des éléments disparates : Prim, Serrano, Topète, Dulce et Montpensier ; l'Italie et Bismarck de l'autre. Avant même de rentrer à Madrid, les généraux conjurés, s'ils devenaient maîtres de la position, et c'est le maréchal Serrano qui l'a dit depuis, devaient, sur le champ même de la victoire, proclamer le duc de Montpensier roi de toutes les Espagnes. De tous les généraux de la conju-

ration, Prim était le plus intrigant, le plus résolu, le plus
influent ; et Prim avait des compromis avec tous, avec Montpensier, avec l'Italie, avec Bismarck. Il conjure ses amis les
conjurés de tout ajourner, d'attendre pour proclamer, d'entrer
à Madrid avec le provisoire.

Ce provisoire intrigua pendant quelque temps. Tout
semblait d'abord échoir au père du roi de Portugal, afin d'arriver, disait-on, indirectement à l'unité de la Péninsule ibérique. Plus tard on balbutia le nom d'un prince italien, le
prince Thomas, neveu de Victor-Emmanuel. Un autre jour,
il est question du duc d'Aoste. Victor-Emmanuel était très
désireux de voir un des siens sur le trône d'Espagne. Napoléon lui était vivement contraire, et il s'était assez catégori-
quement expliqué avec Florence pour faire comprendre qu'il
ne voyait pas de bon œil la Maison de Savoie peser si forte-
ment sur la race latine, couvrir les Alpes de soldats italiens,
les Pyrénées de soldats espagnols, la nouvelle Allemagne
menacer sur le Rhin, et tous tenir ainsi la France dans un
cercle de fer. Du reste, l'empereur et l'impératrice étaient
pour Isabelle ou son fils Don Alphonse.

La candidature du prince de Hohenzollern résolut le
problème, elle produisit l'effet qu'on en attendait, elle donna
sur les nerfs à Napoléon qui en fit un *casus belli*.

DÉCLARATION DE GUERRE
A L'ALLEMAGNE

Voilà donc venue l'heure fatale pour le PARVENU, il va
mourir et mourir victime de lui-même, de sa propre politique.
On ne peut rien imaginer de plus cruel. Il entraînera avec
lui dans la tombe sa dynastie ; cette fois l'article 1er du Traité
de 1815 deviendra une éternelle vérité. Il proclame le principe des nationalités, il s'en sert comme d'un levier pour faire
mouvoir et soulever les peuples, et ces nouvelles nationalités,
une fois formées, se retournent contre lui et contre la France.
Il irait tous les jours en guerre et toujours sans soldats ; c'est
vraiment vouloir combattre en Don Quichotte. Est-il possible

qu'il ignorât que l'Allemagne avait des canons à tir rapide et à longue portée ! (Et la France n'en avait pas). Qu'une Allemagne Une et de 40 millions d'habitants, tous soldats de 20 à 40 ans, n'eût pas 5 millions de fusils à tir rapide pour armer ses 5 millions de soldats ! Tout cela, il le savait, il n'ignorait rien. Et la France avait à peine 400,000 chassepots ! Et la l'armée française n'arrivait pas à 400,000 hommes ! Et de cette petite armée, 200,000 hommes devront être immobilisés en France pour défendre l'empire contre les républicains ; on s'avancera sur l'Allemagne avec sept corps d'armée, soit une armée de 175,000 hommes.

Napoléon aurait dû mieux s'armer, organiser des forces égales à celles de la Prusse, dira-t-on ? Mais non, dira le Parvenu, Louis-Philippe, en 1831, créa une Garde Nationale de 6 millions d'hommes ; 6 millions de baïonnettes brillaient au soleil ; et toutes ces forces étaient simplement destinées à tenir en respect la Sainte Alliance que craignait le roi bourgeois. Mais en 1848 la Garde nationale de Paris favorisa la révolution populaire du 24 février. Or, se dit le *carbonaro* romagnol devenu vieux, et se croyant un vieux rusé, le peuple français ne me jouera pas le tour qu'il joua à Louis-Philippe, je ne l'armerai pas ; je préfère une petite armée prétorienne qui me défendra contre les Français ; je ferai la guerre à la Prusse, parce que je dois la faire, mais je la ferai avec des alliances.

Napoléon avait toujours conservé un certain ascendant sur Victor Emmanuel. Il lui fait signer un traité en vertu duquel l'Italie devra fournir 100,000 hommes en cas d'une guerre probable contre l'Allemagne. L'Autriche en devra fournir aussi 100,000. Napoléon croyait que la Bavière resterait neutre, bien qu'il déclarât vouloir conquérir toute la rive gauche du Rhin, et de cette manière enlever à la Bavière deux millions de sujets ; c'était lui prêter un peu trop de désintéressement. Mais qu'auraient fait 100,000 Italiens et 100,000 Autrichiens, tous très braves soldats, nous en convenons, mais qu'auraient-ils fait avec leurs vieux fusils et leurs vieux canons ? L'Allemagne fit entrer en France 1 million et 80 mille soldats ; si l'Italie et l'Autriche étaient intervenues, l'Allemagne aurait, au besoin, mobilisé 2, 3, 4 millions d'hommes. Donc le plan de Napoléon était faux, le Sire des Tuileries ne pouvaitobtenir de ses alliés les forces nécessaires pour battre l'Allemagne.

Lorsque le Sire des Tuileries voit 'a Bavière se mouvoir, et ses troupes descendre avec les autres armées confédérées, il se trouble, se démoralise, et dit que la guerre sera longue et laborieuse. Il fait avancer deux corps d'armée qui sont attaqués par 400,000 hommes. Ces deux corps d'armée font des prodiges de valeur, mais ils plient sous le nombre et se retirent sous Metz. Napoléon appelle à lui l'Autriche et l'Italie. Alors la Russie qui se souvient de la Tour Malakoff en 1854, et plus encore des soulèvements de la Pologne en 1862 et 63 sous l'instigation du couronné des Tuileries, prie l'Autriche de rester neutre. De leur côté, les Italiens font pression sur l'esprit de Victor Emmanuel pour le dissuader d'intervenir, et la Prusse, pour les séduire et les unir tous, les invite à rentrer à Rome et à Madrid. C'était séduisant, il faut en convenir.

Napoléon se voit perdu. Ou confesser sa faute et faire appel à la nation, c'est-à-dire ordonner une levée en masse, et tenter avec plus de succès ce que tenta plus tard le gouvernement de la Défense nationa'e, ou se recommander à la Prusse. Il oubliera la France pour se jeter dans les bras de l'ennemi ! Il fera plus, il fera cause commune avec lui. Anathème au lâche bandit !

La France crie pour que l'Empereur soit déposé du commandement suprême de l'armée ; il obtempère sans réticence. A qui le remettra-t-il ? A Mac-Mahon ou à Bazaine ? Mac-Mahon, dit-il, sait obéir, mais Bazaine ne sait que commander, et le commandement fut remis à Bazaine. La vraie raison, c'est que Mac-Mahon est soldat et Français, et ne se serait pas prêté une minute au plan criminel de Napoléon. Bazaine, au contraire, est un maréchal prétorien, déjà d'intelligence avec l'empereur pour opérer et agir selon leur vue, avant même que le commandement lui soit remis.

L'empereur et Bazaine connaissent la mauvaise humeur qui règne dans toute la France et craignent un soulèvement intérieur qui conduise à la proclamation de la République.

Pour le prévenir, il ne faut pas laisser s'étendre le théâtre de la guerre, mais le contenir le plus possible à l'extrême frontière. L'armée de Bazaine capitulera, c'est décidé, et l'empereur réunira en toute hâte d'autres troupes, non pour combattre certainement, le *carbonaro* romagnol n'est pas téméraire à ce point, mais pour les livrer à la Prusse, et le combat finira, comme on dit, faute de combattants. Il ne convient pas cependant de capituler en lâches. On se battra en désespérés, mais vaincus ou vainqueurs, on rentrera à Metz, à quoi bon en effet gagner aujourd'hui, puisque demain il faudra perdre, la Prusse faisant toujours arriver des centaines de mille hommes, et la France ne devant jamais en appeler un seul pour réparer ses pertes. Après trois grandes batailles gagnées, le 14, le 16 et le 18 août, à Borny, Mars-la-Tour et Gravelotte, et les Prussiens repoussés jusqu'à 40 kilomètres au moins, il n'y avait plus nécessité de rentrer dans Metz. Si l'armée française trouvait trop d'obstacles pour continuer sa marche victorieuse sur Verdun, elle pouvait obliquer sur Paris par des routes transversales qu'elle coupait de distance en distance pour empêcher l'ennemi de la poursuivre. En rentrant dans Metz, Bazaine se déclara traître.

. Deux jours après la journée de Gravelotte, Mac-Mahon, Trochu et l'empereur sont réunis à Châlons. Mac-Mahon et Trochu décident que toutes les troupes disponibles et éparpillées doivent se concentrer sur Paris. Napoléon convient, mais sous main, il fait tout le contraire ; il donne ordre au gouvernement de Paris de former une armée de tous les soldats qui ne sont pas rigoureusement nécessaires pour le maintien de l'ordre intérieur, et d'en donner le commandement à Mac-Mahon pour aller délivrer l'armée de Bazaine. Quelle impudence ! Quelle cynisme ! Parler d'aller délivrer l'armée de Bazaine qui s'était délivrée d'elle-même le 18 août, et était rentrée dans Metz par la volonté de Bazaine et de l'empereur luimême ! Le *carbonaro* romagnol marche sur les derrières de cette armée comme un traînard, mais il est encore empereur, et à un moment donné il s'imposera. Les troupes arrivent à Sedan, ville choisie pour consommer le sacrifice, et le soir même de leur arrivée, le traître fait arborer le drapeau blanc, le drapeau de la capitulation. Le lendemain, le drapeau de la honte flotte au vent, et le couard consigne son épée. Tout est consommé. On traitera, on conclura la paix à quelque condition que ce soit, on restituera au *carbonaro* romagnol, et son épée et ses troupes consignées, et il rentrera triomphalement à Paris, comme s'il fût revenu victorieux de Berlin.

O déception, déception! En vertu de l'art. 1er du Traité de 1815, Bonaparte ne doit plus régner, son épée ne lui sera point rendue, et il sera envoyé prisonnier à Wilhelmshoe, où il pourra réfléchir, méditer, faire son acte de contrition, et comprendre, mais trop tard, qu'on ne fait pas la guerre sans soldats, sans fusils et sans canons, surtout à une Allemagne qu'il a aidé lui-même à faire, et qu'il a organisée formidablement. On n'a pas encore écrit l'histoire de ce *misérable*, mais on ne tardera pas. Alors, historiens, journalistes, académiciens, auteurs dramatiques, romanciers, médecins aliénistes, traiteront à l'envie de la science militaire et diplomatique de ce *misérable*, que dix-huit ans auparavant Victor Hugo avait si justement qualifié de Napoléon le Petit.

Les Prussiens continuent leur marche victorieuse à travers la France. Ils affameront Paris pour l'obliger à se rendre à discrétion. Ils entreront dans les forts, et une fois leurs canons pointés sur la grande Métropole, ils demanderont dix milliards d'indemnité de guerre. Oui, dix milliards! On convient de cinq. Au bout de deux ans, près de six millards de francs sont enfin de compte comptés, pesés et servis en bon or à la Prusse.

NAPOLÉON ET CAVOUR

Le *carbonaro* romagnol devenu empereur, se rappela l'état de misère, de langueur, d'avilissement dans lequel gémissait la Péninsule sous l'oppression et la tyrannie de l'Autriche, des Bourbons et de la Papauté, et il s'aida en temps opportun à faire l'Italie une, libre et indépendante. Il lui contesta cependant toujours Rome et le Patrimoine de Saint-Pierre, qu'il voulait pour Sa Sainteté. Mais le Pouvoir temporel réduit à cette simple expression, l'Italie était une et grande sans Rome comme avec Rome. Sans Rome comme avec Rome, l'Italie pouvait travailler au développement de sa richesse nationale, faire revivre et briller les lettres, les sciences et les beaux-arts, qui ont toujours été son patrimoine, et ainsi jouer de nouveau un grand rôle dans le monde. Aucun drapeau étranger n'aurait flotté sur le fort *Saint-Ange*, et tout sujet de Sa Sainteté passant dans les Etats du royaume d'Italie proprement dit, jouissait du premier jour des mêmes droits politiques et prérogatives que les sujets de Sa Majesté le roi d'Italie. L'esprit de liberté soufflant de partout pénétrait par toute la rose des vents dans la ville sainte qui le respirait à pleins poumons, et les jésuites trouvant la respiration difficile, fuyaient Rome écœurés, désespérant de voir triompher le *Syllabus*.

L'Eglise a eu de longs jours de gloire, de toute-puissance, de suprême félicité ; ce fut sous les gouvernements absolus. Plus les peuples ont été ignorants et barbares, et plus l'Eglise se trouvait dans son milieu pour imposer ses croyances. L'Eglise ne se trouva jamais bien que dans les ténèbres ; c'est ce qui fit chanter à Béranger :

> Eteignons les lumières,
> Et rallumons les feux.

Elle se complut dans le mysticisme, parce qu'alors le prêtre joue le rôle de demi-dieu ; cet état fut toujours pour lui d'une attraction, d'une force irrésistible.

Reconnaissons toutefois que l'Eglise ne commanda jamais au monde. Elle fut, et toujours, au service de la tyrannie : voilà tout.

Lorsque le Féodalisme, ce gouvernement à mille têtes, en faisait des siennes, un roitelet commandait, et ses vassaux et arrière vassaux qui lui obéissaient, commandaient aussi. C'était le règne de la noblesse. L'aîné était le grand seigneur du pays, et les frères cadets entraient tous dans l'Armée, l'Eglise et la Magistrature, tenant dans leurs mains ces trois forces sur lesquelles s'appuyait le despotisme.

Lorsqu'au Féodalisme se substituèrent les grandes Monarchies, la noblesse régnait encore, et les frères cadets étaient toujours dans l'Armée, l'Eglise et la Magistrature, ces trois colonnes de l'Absolutisme et du règne du Bon Plaisir.

Mais arrive 89, qui sape le vieux monde et fait crouler le gouvernement de droit divin d'éxécrable mémoire ; 89 proclame les Droits de l'Homme, les principes de Liberté, Egalité, Fraternité ; 89 élargit les bases du nouvel édifice social. A côté de la vieille aristocratie nobiliaire s'élèvent aujourd'hui gigantesques et non moins fières, d'autres aristocraties qui la tiennent en respect, nous voulons dire l'aristocratie territoriale, l'aristocratie financière, industrielle, commerciale, l'aristocratie de la science, des lettres, des beaux arts, etc. Eglise, Armée et Magistrature existent aujourd'hui comme sous l'ancien régime, mais l'esprit qui les anime n'est plus le même, parce que le personnel se recrute dans toutes les couches sociales. Le nouveau monde brille déjà comme un soleil. Il y a mieux. Pendant ce siècle, 89 a démocratisé quantité de nobles ; les Lamartine se sont faits les apôtres de la liberté, de l'égalité, de la fraternité. Or, 89 peut et doit, sinon démocratiser, du moins christianiser l'Eglise, la contraindre à devenir une Eglise tolérante, une Eglise à la Montalembert, à la Dupanloup, renonçant au *Syllabus* et aux doctrines de Bossuet pour s'inspirer de de l'esprit de Fénelon.

Si l'Italie fût restée fidèle à la France, si Napoléon, marchant sur le Rhin en 1870, fût retourné vainqueur, il s'imposait toujours plus à l'Espagne et à l'Autriche, puissances éminemment catholiques, il les obligeait à reconnaître les faits accomplis en Italie, et cette réconciliation de l'Italie catholique avec les autres puissances catholiques, conduisait à la seconde réconciliation, celle de l'Italie avec le Pape, laquelle s'opérait avec le concours même des puissances catholiques. Ce n'était toutefois pas la réconciliation du Quirinal avec le Vatican, mais de Florence avec Rome, ce qui est bien différent.

Cavour, lui aussi, avait été un grand facteur de l'unité italienne ; il en fut, dirons-nous, l'âme et le génie, mais à l'opposé de Napoléon, il voulait Rome capitale du Royaume d'Italie.

Las Casas rapporte dans ses *Mémoires*, que Napoléon 1er disait à Sainte-Hélène : « Si j'étais retourné victorieux de Moscou, j'aurais persuadé le Pape de ne pas pleurer son pouvoir temporel. J'en aurais fait une idole, et il aurait résidé avec moi. Paris serait devenu la capitale du monde chrétien, et j'aurais guidé ce monde comme le monde politique. Il y aurait eu des conseils de chrétienté dont le Pape aurait été le Président. J'aurais ouvert et clos les Assemblées et publié leurs décisions comme Constantin et Charlemagne. »

Cavour pensait comme Napoléon Ier. Il disait : Nous avons le Pape chez nous, allons à lui, et entendons-nous avec lui. Cavour était un forcené papiste, plus papiste que le Pape, non pour lui obéir, mais pour se l'intéresser, pour le faire servir à ses fins. Cavour est la plus grande figure qu'ait vue l'Italie depuis Jules César. Il voulait faire revivre la Rome des Cicéron, des Scipion, des Tribuns, des Césars et des Papes. Il se promettait les plus grandes choses de son génie, de sa finesse, de son esprit persuasif, de sa ténacité. La mort l'enleva au plus beau moment, le jour même où il entrevoyait tant de gloire pour lui et pour sa chère Italie. Mais nous pouvons nous faire une idée de la fureur avec laquelle il opérait, puisque déjà au printemps de 1861, un mois avant de mourir, il faisait proclamer par le premier Parlement italien siégeant à Turin, Rome capitale de l'Italie. Ce fut son testament politique, comme celui de Pierre le Grand fut de pousser la Russie sur Constantinople.

Victor Emmanuel était un roi chevaleresque, pacifique, sans ambition, parfaitement à sa place dans son petit Piémont. Il ne pouvait d'ailleurs se décider à abandonner la belle Nice, et surtout la Savoie, le berceau de ses ancêtres. Il lui répugnait encore, comme roi catholique, de molester le Pape. Cavour lui faisait miroiter les plus grandes, les plus séduisantes choses. Il le faisait entrer dans Rome d'accord avec le Pape et régnant avec le Pape. Du premier jour il en faisait un nouveau Jules César exerçant son empire sur 200 millions d'hommes, c'est-à-dire sur tous les catholiques de la terre, La Maison de Savoie devenait puissante par les armes, sage dans les conseils, étant toujours inspirée par Sa Sainteté. De Rome, et à l'aide du Pouvoir spirituel, elle retournait à Nice et en Savoie. Et Victor Emmanuel ne put résister à toutes ces tentations.

Si la politique cavourienne triomphait, Cavour deviendrait le plus grand homme d'Etat du monde ; il laisserait derrière lui Pitt, Gortschakoff, Thiers, Richelieu.

Nous avons souvent entendu des journaux de Paris rappeler à l'Italie Magenta et Solferino, et lui reprocher son ingratitude pour n'avoir pas volé au secours de la France en 1870. Nous sommes, nous, d'un avis tout à fait contraire, et nous prierions ces messieurs les journalistes d'entrer à Notre-Dame de Paris pour remercier la Madone de la Grande Métropole d'avoir si bien inspiré l'Italie. Nous avons déjà démontré que Italie et Autriche fussent-elles intervenues en faveur de la France, ne changeaient pas le sort de la guerre. Mais si l'Allemagne avait vu trois grandes puissances se lever contre elle, il est probable qu'elle se serait effrayée, et aurait, au besoin, appelé sous les armes tous ses hommes de 20 à 40 ans, tous armés de fusils à aiguille, avec des canons à longue portée et à tir rapide, elle entrait dans Vienne avant d'arriver sous les murs de Paris; elle s'annexait la Hollande, la Belgique, et qui sait combien de départements français ; on l'obligeait pour ainsi dire à réaliser le grand problème de ses aspirations nationales, problème qu'elle ne sut résoudre, ni en 1866, ni en 1870. La Russie, agissant derrière l'Allemagne, obligea celle-ci à rappeler à Bonaparte l'art. 1er du Traité de 1815, et la France liquida ainsi avec cette dynastie abâtardie qui devait fatalement la conduire à la mort. Et, Dieu soit loué, et qu'il soit rendu grâce à la non intervention de l'Italie, comme à l'intervention de la Russie.

La chute de l'Empire, la proclamation du Gouvernement de la Défense Nationale, la relégation de l'empereur à Wihelmshoe, la marche en avant des Prussiens, tous ces événements impressionnèrent l'Italie et lui dictèrent sa ligne de conduite. Elle se disait : A guerre finie, Napoléon retournera-t-il sur le trône! Y aura-t-il encore une France? Et s'il y en a une, qui la gouvernera? Et l'âme de Cavour crie à tous les Italiens : « Entrez donc à Rome, que les destinées de l'Italie s'accomplissent. » Aussi le 20 septembre on bombarde la *Porta Pia*, et simultanément Don Amédée entre à Madrid, prenant possession du trône d'Espagne. L'Italie était déjà entrée dans deux capitales, avant que les Prussiens entrassent dans Paris.

Pendant tout le temps que Napoléon travailla à faire l'unité allemande, la presse italienne l'encourageait et criait à l'unisson : Il n'y a qu'un homme en France qui connaisse son époque, c'est l'Empereur. En effet, 1870 nous a dit comme il la comprenait.

Le règne de la Commune porta un autre coup à la France.

De si grands désastres semblaient la condamner ; on ne lui reconnaissait plus le sentiment d'elle-même, elle devait s'éteindre, disparaître de la carte d'Europe, ou, tout au plus, devenir une expression géographique. Les journaux italiens lui prédisaient cet avenir et chantaient son oraison funèbre ; ils la comparaient à la Turquie, à ces nations qui montèrent, brillèrent, et qui descendirent et s'éclipsèrent, et, selon eux, la France subissait le châtiment de siècles d'égoïsme et d'oppression de ses voisins ; les Dieux vengeurs étaient descendus sur la terre ; le centre de gravité du monde politique sera désormais à Berlin. Allemagne ! Allemagne ! et puis toujours : Vive l'Allemagne !

Cette politique lyrique de l'Italie est toutefois attristée un jour par un premier avertissement qui lui vient du côté de l'Espagne. Don Carlos, à la tête d'une armée de fanatiques recrutés un peu partout, entre en Espagne par les Pyrénées, et s'insurge contre Don Amédée ; un peu plus tard, les Espagnols se souviennent qu'ils sont Espagnols et qu'un roi d'origine étrangère ne peut être leur souverain et maître ; le vide se fait autour de leur Majesté d'importation ; courtisans, hommes d'Etat et politiques se retirent peu à peu ; un soir on en vit à peine quatre à cinq au palais ; le lendemain devait avoir lieu un Conseil de Ministres à neuf heures, mais pas un ministre ne parut. Don Amédée comprit si bien qu'il se fit servir à déjeuner et, à midi, partit pour le Portugal se consoler auprès de sa sœur *Maria Pia*.

Ce fut une révolution muette, mais très éloquente.

Le fameux cercle de fer qui étreignait la France, c'est-à-dire, les Allemands sur les Vosges, les Italiens sur les Alpes et les Espagnols sur les Pyrénées, se rompit de lui-même du côté le plus faible. Ce fut peu de chose, mais ce peu dut néanmoins faire réfléchir à Rome et à Berlin.

*
* *

On parle toujours de 5 milliards de francs comme rançon servis à la Prusse ; ce serait plus exact de dire 6. En effet, les

Prussiens imposaient à la France des contributions de toutes natures : capotes, gilets de flanelle ou laine, etc., par centaines de mille, mais ils imposèrent aussi des millions aux villes dans lesquelles ils entrèrent ; Paris, le lendemain de sa reddition fut imposé de 200 millions ; ils avaient ainsi déjà encaissé des villes 700 millions avant de parler des 5 milliards. Et maintenant les milliards ne furent pas comptés instantanément. Il fallut faire l'emprunt de 2 milliards en octobre 1871, et un autre de 3 milliards en 1872 ; or, les intérêts de ces 5 milliards pendant un temps plus ou moins long arrivent facilement à 300 millions, et ces 300 millions ajoutés aux 700 millions des villes rançonnées forment un autre milliard ; et, on devrait donc dire avec raison, que 6 milliards en or furent payés à la Prusse.

Bismarck dut jouir de voir arriver tant d'or en Allemagne ; cet or, il le contemple, l'admire, en distribue une part aux princes fédérés, la plus grande est pour la Prusse, une réserve de 500 millions est mise sous clef dans la forteresse de Landau ; Bismarck est élevé au titre de prince, et il reçoit une commission de 20 millions comme courtier de la grosse rançon imposée à la France. La bonne humeur et le bel esprit du Grand Chancelier brillent partout. La joie cependant est de courte durée. Le voilà qui tombe tout à coup dans la mélancolie ; il passe les nuits dans l'insomnie, et, s'il dort un moment, un terrible cauchemar l'oppresse, des songes affreux l'agitent ; le jour, il est nerveux à l'excès. C'est qu'il qu'il a cru la France couchée à terre pour des siècles, et il la voit se relever moralement, financièrement et militairement. Donc, il n'y a pas à hésiter, il faut fondre de nouveau sur elle, demandant cette fois 10 milliards payables en 50 ans, et sous entendu une amputation de territoire. Heureusement pour la France qu'elle était alors gouvernée par Mac-Mahon, qui a senteur du projet. Gortschakoff, l'ami de la France, se rend en toute hâte à Berlin, pour dissuader Bismarck le vorace. Il n'obtient rien, et il appelle à son secours Alexandre II, qui arrive à son tour. Le neveu persuade l'oncle, et Berlin se désiste, en se mordant les doigts bien entendu. Si le nouveau crime ne fut pas consommé, ce n'est pas que la Prusse manquât de bon vouloir. Mais si ce n'est pas aujourd'hui, ce sera demain ; la guerre se fera, et à outrance, au couteau. Les morts seront enterrés, nombre de jambes et de bras amputés, et si la Prusse est victorieuse, les Français valides, sains et robustes seront tous mis pour jamais sur le *rog*, c'est-à-dire à la torture. Danton disait : Que faut-il au peuple pour vaincre : « de l'audace, encore de l'audace, et toujours de l'audace ». Et la maxime prussienne pour assujettir un peuple vaincu est : *faire payer, encore payer, et toujours payer*. Attila disait : « Par où passe mon cheval, l'herbe ne croîtra plus ». Par où passeront les Prussiens l'herbe croîtra, mais l'herbe devra aller à Berlin.

Devant l'attitude résolue de la Russie, avons-nous dit plus haut, la Prusse se tut et se calma ; la Russie, au contraire, sortit de la réserve à laquelle elle s'était condamnée depuis la guerre de Crimée, pour se mettre de nouveau sur la route de Constantinople. Le gouvernement de Mac-Mahon l'appuie ouvertement. Les armées russes ont la gloire de forcer les Portes de fer, de franchir les Balkans, de voir la Corne d'or et la Coupole de Sainte-Sophie, d'entrer même dans quelques rues de Constantinople. Mais l'homme propose et Dieu dispose. Dans ces entrefaites, Mac-Mahon abdique de lui-même et laisse le Pouvoir ; arrive Grévy, et avec Grévy l'Opportunisme ou le gouvernement du gastronome Gambetta. Le gastronome Gambetta mange la Bouillabaisse avec le prince de Galles, et celui-ci connaissant la vanité de celui-là, le caresse, le séduit, et le gagne ; Gambetta abandonne la Russie pour aller avec l'Angleterre.

Nous arrivons au Traité de Berlin. Il y avait alors au Pouvoir en Angleterre un grand pourfendeur connu d'abord sous le nom de Disraeli, ensuite sous celui de comte Beaconsfield, et jour et nuit il criait : Il n'y a qu'un homme en Europe qui puisse sauver l'Angleterre, et cet homme, c'est Bismarck. Oui, je peux te rendre un grand service, le service que tu désires, faire rétrograder la Russie de Constantinople, la faire rentrer dans ses steppes ; mais toi, tu pourrais, de ton côté, me rendre un service qui me serait bien agréable ; oui, ce service me tranquilliserait, et il serait d'ailleurs d'une exécution si facile ! Il y a huit ans, je trahis Napoléon III, que j'avais plusieurs fois mystifié. Il me servait mieux que Moltke ;

j'aurais pu le conserver, me l'attacher, l'utiliser, avec lui la partie était toujours sûre ; mais la Russie voulut sa chute, et je le sacrifiai. Oui ! ce brave généralissime de Napoléon ne paraissait sur le champ de bataille que 24 heures après le com bat pour ramasser les balles avec son fils Louis ; c'était le genre d'instruction militaire qu'il lui enseignait à Sarrebruck, pour en faire un Napoléon Ier ! Et ma victime aura tout raconté à ce petit Louis devenu grand, et qui médite vengeance. Or, la France est bizarre et changeante.... Il est toujours sage de prévenir un mal qui peut arriver... Eh bien ! mon cher Beasconsfield, tu sais comme moi ce que veut dire en français : *« Passe-moi la rhubarbe, je te passerai le séné. »* En ce moment, ce Napoléon IV est sur la terre des Zoulous en Afrique, dans les rangs de tes soldats. En partant, il fit résonner ces paroles : « Lorsqu'on veut se mettre une couronne sur la tête, il faut savoir jouer cette tête ». Il est, tu le vois, animé des plus coupables intentions. Dans la terre des Zoulous, il fait un beau soleil, mais pour l'Europe, c'est une terre de ténèbres. Donc ! ! Donc.. tu dois m'avoir compris » ; et il paraît en effet, qu'ils se comprirent très bien ; car, si nous ne nous trompons, le 9 juin 1878, au matin, le télégraphe annonça que Napoléon IV avait été victime des fidèles Zoulous.

Le drame de la terre d'Afrique réjouit singulièrement Berlin, à ce qu'il paraît, car Bismarck est de grande bonne humeur envers tous les plénipotentiaires réunis au Congrès ; il est si content qu'il prodigue ses faveurs aux principales puissances. A l'Autriche, on donne la Bosnie et l'Herzégovine ; à l'Angleterre, Chypre ; à la France, Tunis. Il n'est rien donné à l'Italie, et Bismarck croit que c'est là le vrai moyen de l'attacher au char de la Prusse. En effet, depuis ce jour, l'Italie irritée, exaspérée, blasphème jour et nuit contre la France, et crie plus fort que jamais : *Vive l'Allemagne !* Bismarck, qui préside le Congrès, dirige ses batteries contre la Russie, il la condamne à rentrer dans ses steppes, elle qui a sacrifié des milliers d'hommes et des millions de roubles. Il se venge de 1875. Pour fiche de consolation, on laissera au gouvernement de la Bulgarie un prince de choix Russe, et arrive le prince de Battenberg. Mais pour comble de dérision et d'insulte, trois ou quatre ans après, Bismarck caressera, séduira le Battenberg et le fera entrer dans l'alliance *anglo-allemande* contre la Russie. Cette fois la patience échappe au Czar ; il fait prendre Battenberg dans son lit (c'était prendre Bismarck lui-même) et le chasse de la Bulgarie.

Jusqu'à présent, on le voit, Bismarck en a fait des siennes, mais l'heure du repentir, comme celle du châtiment, ne saurait tarder. Seulement, il convient déjà aujourd'hui de rechercher le personnage qui, à Berlin, au milieu de tous ces événements a joué le principal rôle. Qui a reçu le plus d'encens, et des Allemands et de toute l'Europe, c'est Bismarck. Mais Bismarck a-t-il été toujours aussi puissant à Berlin qu'on veut bien le laisser croire ? Lui seul a-t-il dirigé la politique allemande pendant ces derniers 24 ans? Nous ne le pensons pas. Une main autrement plus puissante que la sienne a présidé à tous les événements les plus importants et les a dirigés ; ce fut le prince Frédéric, le prince héréditaire.

La fameuse *Note Usedom* de 1866, devenue si célèbre, dit que lorsqu'on est en guerre avec une nation et qu'on veut l'anéantir, il faut fondre directement sur la Capitale. La Note recommande à l'Italie de créer une armée de 60 à 70,000 hommes et d'en donner le commandement à Garibaldi, lequel devra envahir la Hongrie et faire soulever toutes les nationalités de l'empire d'Autriche. Or, Bismarck, simple ministre des affaires étrangères, encore sans nom et sans autorité, ne peut se permettre de diriger les opérations militaires et de décider du sort d'un Empire. Les deux *Hohenzollern* père et fils ont dû assumer la responsabilité d'une si audacieuse et criminelle tentative.

Le fameux *Kronprintz* écrivait ses *Mémoires* politiques qui furent publiés à sa mort. Bismarck s'en alarma et fit tout séquestrer. Mais, du peu qui transpira, il résulte que c'est lui qui voulut que l'empire allemand fût proclamé dans les salles dorées du Palais de Versailles, dans le Palais même des rois de France qui conquirent l'Alsace et la Lorraine, et cela pour insulter à la mémoire de ces rois, pour mieux humilier la noblesse française actuelle, le clergé, l'armée, et toutes les classes des citoyens français, pour écrire une brillante page d'histoire allemande. Bismarck manifesta timidement l'avis d'ajourner cette proclamation, disent les *Mémoires* ; on passa outre. C'est encore le prince héréditaire, comme chef de l'armée, qui s'impose et veut que Metz reste à l'Allemagne pour la défense des frontières allemandes.

En 1875, c'est toujours ce drôle de *Kronprinz*, comme chef de l'armée, qui jette le cri d'alarme, qui s'effraye du réveil de la France et veut refondre sur elle, demandant de nouvelles provinces et 10 milliards de francs. Et dire qu'il y a bon nombre de bonasses français qui ont cru le *Kronprinz* un homme humain, faisant la guerre à regret, qui usa de ménagements envers la France, le comparant pour ainsi dire à Tur nne, c'est-à-dire valeureux dans le combat, généreux après la victoire. Les *Hohenzoliern* sont simplement des Tamerlan, des Gengio-Kan de la pire espèce.

Suivant le *Kronprinz*, au Congrès de Berlin; encore là la fatalité le pousse, il faut qu'il se prononce. Bismarck préside le Congrès, mais le *Kronprinz* inspire Bismarck et l'oblige. On sait comme ce prince héréditaire, jouant déjà le rôle d'empereur, allait bien d'accord en politique avec sa femme, comme aussi avec la reine d'Angleterre, sa belle-mère. On les considérait tous les deux à Berlin comme plus anglais qu'allemands.

Ce sera encore le *Kronprinz* et sa belle-mère la reine d'Angleterre qui séduiront Alexandre de Battenberg pour le faire entrer dans leur Ligue, et le retourner contre la Russie.

Mais nous arrivons à la mort des deux *Hohenzollern* qui disparaissent de la scène politique à trois mois d'intervalle. Guillaume Ier est malade seulement trois jours. Ce vieux *momier* qui, pendant toute sa longue vie avait toujours son Dieu à la bouche, ne le prononce pas une seule fois dans sa courte maladie. Il est tourmenté par le remords, il ne pense qu'à la Russie et ne cesse de recommander aux siens de se réconcilier avec la Russie. La Russie ! réconciliez-vous avec la Russie. Commence le délire... et toujours il balbutie... la Russie... la Russie... Oh ! la Russie... réconciliez-vous ..... avec... la Russie!!!!!!! Il paraît qu'il avait la conscience que Berlin avait terriblement offensé la Russie.

Ah ! que d'électricité politique ces deux *Hohenzollern* ont condensé sur leur propre nom ! Les Bismarck ne trouveront jamais assez de paratonnerres pour empêcher la foudre d'éclater sur Berlin et sur les *Hohenzollern.*

*
* *

A présent que nous avons fait une petite digression à travers l'Europe, nous reviendrons à l'Italie et à ses rapports avec la France.

Les Italiens entrèrent à Rome le 20 septembre 1870, parce que tout leur disait d'y entrer ; ils y entrèrent par une force attractive, par la force irrésistible, et aujourd'hui qu'ils y sont, ils veulent y rester, et une autre force irrésistible les pousse à chercher la base, le point d'appui pour s'y maintenir. Ils veulent être à même de résister à tous les assauts qui pourraient être tentés contre la nouvelle Rome.

« *Il Bel Paese che il mare circonda e l'Alpi, e gli Appennini partano* » c'est ainsi que Pétrarque définit l'Italie. Oui, le *Beau Pays que la mer baigne, que les Alpes couronnent et les Apennins divisent* a tout reçu de la nature pour la défensive, surtout avec les armes actuelles. Aujourd'hui l'Italie peut se défendre admirablement par terre contre la France, la Suisse et l'Autriche, et par mer, elle doit faire une grosse flotte, puis toujours une grosse flotte, et c'est ce qu'elle fait.

Cependant des organes officieux de Rome se plaignent de leurs frontières, ils qualifient de scélérates ces configurations géographiques qui emprisonnent pour ainsi dire l'Italie. On la voit comme dans une espèce d'entonnoir, ayant pour elle tous les avantages de la défensive, mais aucun pour l'offensive, ce qui la condamne à jouer un rôle secondaire. Ne pouvant rien provoquer, elle reste à la merci, à la discrétion de ses alliés De là, la nécessité de retourner à Nice et Savoie, de revendiquer les provinces historiques, géographiques.

Un jour, Garibaldi reprocha à Victor-Emmanuel d'avoir cédé Nice à la France, d'avoir vendu son pays. « Que devrais-je dire, répondit Victor-Emmanuel, moi qui ai sacrifié la Savoie, le berceau de mes ancêtres, » et une larme lui vint aux yeux. Garibaldi resta muet.

Victor-Emmanuel porte dans l'histoire le nom de roi galant homme, et à juste titre. Il respecta et fit toujours respecter sa signature, la France n'eut jamais rien à souffrir de lui. Mais son fils Humbert n'est pas si scrupuleux ; il ne signa rien, et par conséquent ne se croit engagé en rien envers la France. Déjà comme prince héréditaire, il se montra prussien jusqu'à la moëlle. Lui et le *Kronprinz* de Berlin s'embrassaient follement et se promettaient les plus belles choses de leur alliance. La reine Marguerite est encore plus prussienne que le roi. Marguerite de Savoie, lit-on partout, mais où diable est celte Savoie ? cela semble un anachronisme. On fait même en Italie des calembourgs en français sur le mot Savoie. On dit : Pourquoi le roi d'Italie est-il toujours enrhumé ? Parce qu'il a perdu Savoie (*sa voix*).

A l'annexion de la Savoie à la France, une myriade de nobles savoyards voulurent rester fidèles à leur roi, comme Bertrand à Napoléon Ier ; ils l'accompagnèrent à Turin, à Florence, à Rome ; ils servent tous dans l'armée, la marine, la diplomatie. Eh bien ! tous ces nobles savoyards voudraient revoir leur terre natale et leurs châteaux faire partie du royaume d'Italie. Ils ne sont pas ennemis des français, bien loin de là, mais devenus italiens ; ils ne pensent qu'à leur roi, à eux-mêmes, à leur nouvelle patrie. Toutes les principales puissances de l'Europe ont leurs aspirations nationales, toutes veulent élargir leurs frontières, prendre des positions pour s'assurer l'avenir. L'Italie, elle, vise directement la Savoie, Nice, la Corse et la Tunisie. Son retour en Savoie serait la gloire et la félicité de la famille régnante qui retrouverait son nom. On restaurerait vite l'ancien château royal de Chambéry, on créerait une riche villa royale dans le Chablais, sur le lac Léman, et toutes ces résidences princières seraient visitées l'été par la Cour de Rome.

Reportons nous maintenant sur la Méditerranée. La rétrocession de Nice, de la belle Nice, rendrait les Italiens ivres de joie. Et puis Menton, Monaco, Monte-Carlo, Nice vaudraient 100 millions par an en belles monnaies d'or servies par le séjour des étrangers en hiver sur ces rivages enchanteurs. La Corse et la Tunisie viendraient comme conséquence, et l'Italie, selon ses désirs, régnerait souveraine dans la Méditerranée.

De 30 millions, l'Italie arrive ainsi à 32, et la France descend à 36. L'Italie jouit de toutes les positions défensives, et elle a pris les positions offensives qu'elle désire. Les 32 millions pèsent pour 40 parce qu'elle pèse de tout le poids des Alpes. La France est à la merci de l'Italie qui dicte la loi. Chaque fois que le Pape fera le récalcitrant, la France devra intervenir pour enseigner la résignation à Sa Sainteté. S'il est question de signer un traité de commerce, la France devra accepter les conditions onéreuses sans murmurer, c'est-à-dire, payer son tribut de vasselage, autrement commenceraient les menaces, car outre Nice et la Savoie, l'Italie serait certainement désireuse de s'annexer encore Antibe et Cannes et de s'avancer un peu dans les plaines de la Provence. Elle voudrait encore le département de l'Ain. Un Amédée de Savoie doit reposer dans la belle église gothique de Brou à Bourg en Bresse ; le Buguey et la Bresse appartinrent un jour aux comtes de Maurienne, et sont encore considérés comme provinces historiques ; elles furent reprises, croyons-nous, par Henri IV. L'Italie monterait encore de 2 millions et arriverait à 34. Or, une Italie de 34 millions avec de telles positions, et armée du Pouvoir spirituel, jouerait le premier rôle de grande puissance. Le roi d'Italie ne serait plus enrhumé, il aurait retrouvé *sa voix* ; Rome enfanterait de nouveau des Cicérons et des Césars ; les plus grands projets naîtraient parce qu'ils seraient de possible exécution.

Et comment fera l'Italie pour pénétrer ainsi dans le cœur de la France, pour réaliser tous ces beaux rêves qui ressemblent aux contes des mille et une nuit ? L'histoire nous dit que l'empereur Nicolas, en 1853, dans son palais d'hiver, à Saint-Pétersbourg, tenait tous les soirs des conférences avec sir Hamilton Seymour, qu'il cherchait par tous les moyens possibles de s'entendre avec lui ou plutôt avec l'Angleterre pour faciliter l'entrée de la Russie à Constantinople. L'Angleterre resta sourde à toutes les paroles de séduction, et la guerre s'ensuivit. L'Italie veut comme Nicolas Ier commencer par les bonnes, et c'est le journalisme qui se charge de cette campagne.

Tous les matins on lira dans un journal de Rome, mais le plus souvent dans la *Tribune*, le *Diritto*, comme aussi dans *Pensiero* de Nice, que la France ne peut se sauver du terrible péril qui la menace, qu'en reconnaissant ses torts envers l'Italie, qu'elle doit s'entendre avec la nation sœur et lui accorder les justes satisfactions auxquelles elle a droit. Ah ! si la France connaissait ses vrais amis ! Et pourquoi cette noble nation qui a quelques fois du bon sens et de généreux instincts a-t-elle supporté les revers de 1870 ? Parce qu'elle a refu é Rome à l'Italie en 1867. Où se trouve-t-elle à présent ? En présence d'une Allemagne extra-puissante, enivrée par ses victoires, qui se précipitera de nouveau sur elle et la fera disparaître de la carte d'Europe. L'Italie serait désolée d'un si grand malheur. Elle pourrait la sauver, elle est toute disposée en sa faveur, mais à une condition, c'est-à-dire qu'elle fera à temps un sacrifice auquel elle est condamnée. Les destinées de l'Italie doivent s'accomplir. Or, tous les Italiens réclament Nice, terre italienne. Que la France donc fasse ses réflexions et se décide. La politique de M. Thiers n'est plus possible ; c'est cette politique égoïste et cléricale qui a conduit la France où elle est.

Et puis vient le lendemain un article tout d'apologie envers l'Allemagne. On chante ses victoires qui remplirent le monde et l'émerveillèrent. On peint l'abaissement de la France pour en faire le contraste. L'Italie, crie-t-on haut et fort, est liée d'une manière indissoluble à l'Allemagne.

Et de nouveau : Ah ! si la France voulait reconnaître ses vrais amis, ceux qui peuvent la sauver ! ! !

Oui, 10 à 12 ans se sont passés dans cette quotidienne déclamation, et tous ces articles de journaux n'ont pas laissé plus de trace que la lecture d'un vieil almanach.

Nous arrivons à 1882, à l'affaire de Tunis. Adieu pour toujours, sentimentalisme et poésie. Cette fois l'Italie entre en fureur. Elle qui espérait dans la rétrocession de Nice, et on répond à sa tendresse, à son amour, en lui volant encore la Tunisie. C'est bien le cas de répéter que la France n'a rien appris et rien oublié, qu'elle est toujours la France de Monsieur Thiers.

Nous laisserons le genre humoristique pour traiter l'affaire de Tunis avec tout le sérieux possible. Nous n'entrerons pas dans de nouveaux détails sur le traité de Berlin. Là, tous les coups étaient dirigés contre la Russie, et tout à l'avantage et à la gloire de l'Angleterre et de l'Allemagne. L'Italie était alors, comme aujourd'hui la sixième des grandes puissances ;

capable de se plaindre, non de menacer. On la sait compromise aux yeux de tous en se trouvant à Rome, et Bismarck se règle en conséquence. On laissa prendre à la France la Tunisie pour lui jeter un peu de poudre aux yeux. La nouvelle arrive à Rome, et Cialdini, alors ambassadeur à Paris, voit secrètement Gambetta, pousse des cris d'indignation et lui peint toute la colère que ressentira la Péninsule si le projet se réalise. Les rapports politiques entre Rome et Paris se tendront à tout faire craindre.

En effet, la Tunisie est à cheval sur la Sicile et la Sardaigne ; dans les mains de la France, elle offense et menace l'Italie. La Tunisie est une célèbre page de l'histoire romaine ; elle rappelle Scipion l'Africain, Régulus, la mémorable lutte entre Rome et Carthage ; la Tunisie est considérée à Rome comme une province de l'Italie.

Garibaldi connaissait les hommes, et au besoin, il avait le courage de leur jeter à la face le qualificatif qui les caractérisait. Il disait que Gambetta était si lâche qu'il avait peur de se dire ami de l'Italie, de prononcer une parole en sa faveur, de crainte que les français l'appelassent le *génois*. Et il disait vrai. Napoléon III était toujours présent à sa mémoire. Mais Gambetta était d'origine italienne, il portait un nom de pure langue italienne, il aimait l'Italie et la servait à voix basse toutes les fois qu'il le pouvait. Il s'entend avec le ministère français et Cialdini, et on décide d'un commun accord, que par égard pour l'Italie tout restera dans le *statu quo*. Et la chose dormit ainsi quatre ans.

Mais toutes les nations ont leurs hommes fatals. La France a eu Napoléon III ; l'Espagne, le général Prim ; l'Allemagne a ses Hohenzollern, ses Bismarck ; l'Italie a son Crispi.

Le gallophobe Crispi qui est au courant des choses, veut jouer un grand tour à la France, il veut escamoter la Tunisie. Il agit sur l'esprit de Cairoli, président du Conseil des ministres, et Cairoli et son ministère agissent sur l'esprit du roi. Tous sont d'accord. Déjà un chemin de fer italien aux portes de Tunis est en voie de construction ; les fils du Bey de Tunis sont invités à une fête à Palerme ; le *Duilio* lève l'ancre à Naples et porte toute la Cour de Rome, qui va recevoir en grande pompe ses invités. Tout dit que l'Italie va mettre la

main sur Tunis. La France veillait, et elle arrive la première.
Ce n'est qu'un cri de rage et de vengeance des Alpes au fond
de la botte.

La grande colonie italienne de Marseille croit que la
guerre est déjà déclarée, elle se soulève pour s'emparer de la
ville, elle est téméraire à ce point. Les marseillais réagissent,
avec toute la prudence, toute la sagesse possible pour éviter
une effusion de sang inutile.

La France avait-elle réellement besoin de la Tunisie?
Non. Et pourquoi alors l'a-t-elle prise ? Afin que l'Italie ne l'ait
pas. Voilà tout. En effet, par amour ou par force, l'Italie cherche à enfoncer les portes de la France. Si elle occupait la
Tunisie, elle pourrait faire soulever les bedoins de l'Algérie,
et au besoin les aider ; elle dirait tous les matins à la France :
« Si tu ne me donnes pas Nice, je mets le feu aux poudres ».

La chose la plus curieuse du monde, c'est que la France
doive la Tunisie à Monsieur Crispi.

Mais que disait alors le gallophobe Crispi contre la France
dans son journal la *Riforma* : « Nous l'insulterons le jour, nous
l'insulterons la nuit, nous la provoquerons à toutes les heures,
jusqu'à ce qu'elle nous ait déclaré la guerre ». Crispi voudrait
renouveler le jeu de 1867, c'est-à-dire attirer les français en
Italie pour faciliter l'entrée des Prussiens en France.

Tombe le ministère Cairoli, et arrive le ministère Mancini.

Il faut se venger de Tunis. L'Italie se jettera dans les
bras de tous les ennemis de la France. Partons pour Vienne,
dit Mancini au roi, allons poser nos signatures à côté de celles
de Guillaume et de Bismarck. Et les voilà en chemin de fer.
Les journaux hongrois les avertissent charitablement et leur
disent : « Si vous allez rendre une simple visite à Vienne,
vous serez les bien reçus, mais si c'est pour demander des
secours contre la France nous vous conseillons de rebrousser
chemin, parce que vous n'obtiendrez rien » Ils arrivent, ils
sont fêtés, choyés, et on offre même à Humbert Ier un uni-
forme et un brevet de colonel autrichien. Mais maudite soit
cette visite qui n'a jamais été restituée, car cela dit clairement
aux italiens de toute l'Italie que Sa Majesté Catholique, Apos-
tolique et Romaine n'oublie pas le prisonnier du Vatican.

Les Italiens deviennent suspect aux Français, on s'adresse
réciproquement des insultes, les rapports se tendent légère-
ment. C'est alors que commence les fortifications sur la route
de la Corniche, Monaco, Villefranche, Nice, puis sur tous les

principaux passages des Alpes. Entre le général Boulanger au Ministère de la Guerre, c'est le coup de grâce. Le général donne de la vie, de l'animation à tout ; il fait lui-même l'inspection des frontières du Midi, et sa présence sur les Alpes offense tous les Italiens.

Adieu donc France, adieu politique p'atonique et sentimentale, et Vive l'Allemagne. Aux grands maux les grands remèdes, il faut en finir une bonne fois.

On enseigne la politique internationale dans les Universités allemandes ; dans ces savantes Universités on dresse des cartes géographiques, et on fait monter l'empire allemand à 74 millions d'habitants. L'Allemagne s'annexe le Danemarck, les provinces allemandes de l'Autriche, la Suisse, la Hollande, la Belgique, et de la France toutes les provinces de l'Est. Des portes de Paris elle oblique sur Chalons-sur-Saône, où elle tend la main à l'Italie, laquelle s'annexe librement le Trentin, la Suisse italienne, la Savoie, la rive gauche de la Saône, la rive gauche du Rhône, la Corse et la Tunisie, et forme ainsi un empire de 40 millions d'habitants.

Le reste de la France sera soumis à une division spéciale de la part de l'Allemagne, comme aussi à une torture spéciale.

L'Allemagne germanisera la France conquise en déportant les Français récalcitrants dans l'Allemagne du Nord et *vice versa* on enverra quantité d'Allemands pur sang dans les régions françaises.

L'Italie italianisera à sa manière les Français conquis.

Nous supposerons pour une heure de temps que ces conquêtes d'imagination se réalisent.

Cette fois l'Italie devrait être aux anges, elle compterait plus de 40 millions, elle serait la reine de la Méditerranée et son roi s'ajouterait encore le qualificatif d'*Empereur romain*. Le Pape qui espère peu de Dieu et tout des hommes, voyant qu'il n'y a plus lieu de dire comme une fois : *Tutto per Dio e per i Francesi, tout par Dieu et par les Français*, se résigne et s'abandonne. S'il voulait fuir de Rome et aller prêcher quelque part dans l'ancien continent, l'Allemagne, l'Italie et l'Angleterre qui commanderaient en souveraines dans le Vieux Monde, sauraient bien le trouver. On ne tolérerait qu'un Pape et il devrait siéger à Rome. Le Pouvoir spirituel serait au service des trois souveraines de la Terre, de la Trinité terrestre : Allemagne, Italie, Angleterre.

Eh bien! le croirait-on, les sages de la politique italienne, Bonghi, Robilant, Minghetti, n'ont jamais rien rêvé de semblable, ils ont toujours voulu une France, une Allemagne, une Autriche, mais ce sont précisément ces sages qui veu'ent une Italie de 34 à 35 millions d'habitants, celle qui pénètre dans la Proven e, s'étend aux portes de Lyon, de Mâcon, de Châlons, qui oblige la France à servir l'Italie jour et nuit et ferait de Rome la souveraine du monde. Et ces sages raisonnent sagement, ils craignent une Allemagne extra-puissante. Déjà aujourd'hui, les Catholiques d'Allemagne voudraient les provinces allemandes de l'Autriche pour faire de l'Allemagne un empire catholique, à l'effet de rétablir le Pape sur son trône. Figurons-nous quelle race d'empire catholique serait l'empire allemand avec la Belgique et les trois quarts de la France. On ne penserait à Berlin qu'à rétablir le Pape pour se l'attacher, à régner sur toute l'Italie comme y régnait l'Autriche il y a quarante ans.

*
 * *

L'homme qui remplit le plus le monde de son nom est sans contredit Bismarck, mais tout de fausse renommée. Ses amis et partisans l'encensent, le grandissent, et nombre de ses ennemis croient eux-mêmes à sa toute puissance. On le nomme le Chancelier de fer, et c'est un Chancelier de terre cuite. Napoléon III l'a fait naître et l'a élevé, mais Napoléon disparu, il ne sait plus se soutenir. Il veut inspirer la terreur, et il fait rire.

Un Bismarck qui a à sa charge tous les chefs d'accusation suivants ne peut jeter l'effroi et l'épouvante. Qui tremble, est incapable de faire trembler

1° En 1866, i veut détruire de fond en comble l'empire d'Autriche, et il ne réussit pas. Mais la tentative a produit son effet; on sait à Vienne ce qu'on doit penser de Berlin. 1866 est une époque mémorable dans l'histoire contemporaine : 1866 servira de règle de conduite à l'Autriche.

2° En 1870-71, il demande 10 milliards de francs à la France pour la ruiner complètement ; il se contente de 5 à 6, parce qu'il croit qu'ils produiront l'effet désiré, mais il se trompe et devra recommencer à bref intervalle.

3° Il fait une guerre acharnée à la langue française, il ne veut plus la reconnaître pour langue de la diplomatie, et si elle n'est plus reconnue pour telle, elle ne sera plus la langue internationale, la langue du commerce et des touristes ; les étrangers ne liront plus autant les auteurs français, les romans et les journaux de Paris. Il cherche par ce moyen d'affaiblir la France, mais il ne réussit pas : fiasco complet.

4° En avant le *Cullurkampf*, il faut faire plier les catholiques allemands, les plier à la toute puissante volonté de Berlin ; il se casse les cornes. Quelques années après il va à *Canossa*, il fait amende honorable, il demande pardon à la Sainte-Mère l'Eglise.

5° En 1875, il veut retourner à la charge sur la France, demandant de nouveau 10 milliards payables cette fois en 50 ans, c'est-à-dire, que si les Allemands rentrent à Paris, adieu France, et cette fois pour toujours. Il ne réussit pas, grâce à l'intervention de la Russie. Mais ce nouvel assaut produit son effet. Autriche et Russie, comme la France, savent quoi penser de cet aimable voisin. Depuis ce jour, l'Allemagne est comme un navire jeté sur le sable et qui ne peut plus regagner la haute mer.

6° En 1878, Bismarck préside le Congrès de Berlin, mais nous l'avons déjà dit, dans ce Congrès les Hohenzollern et les Bismarck se suicident ; ils dirigent leurs batteries contre la Russie. Jeter un tel défi au Czar et à tous les panslavistes ! Or, souffleter le Danemarck, souffleter l'Autriche, souffleter la Russie, souffleter et puis toujours souffleter sans jamais porter un coup mortel, se faire des ennemis et puis encore des ennemis, voilà la savante politique de Bismarck. Si une telle po'itique peut faire l'admiration de quelques-uns, ce ne sera jamais que celle des badauds et des crétins.

7° En 1879, Bismarck recueille déjà les fruits de son triomphe au Congrès. Dans le mois de septembre, M. le vicomte de Peyramont, rédacteur en chef du journal *le Soleil*, voit le prince Gortschakoff dans une ville d'Allemagne. Ils échangent quelques paroles. Le prince Gortschakoff se recommande à la France, car, dit-il, l'Europe a besoin d'une France forte. De telles paroles devaient certainement réveiller l'attention, étant prononcées par le ministre des affaires étrangères de l'empire de Russie, et elles étaient dites à un homme illustre et de haute considération, mais à un homme qui n'a aucune attache avec le pouvoir en France, et en conséquence ne pouvaient avoir aucun effet immédiat. Toutefois le Chancelier de fer s'effraye, tremble, court à Vienne, voit tous les ambassadeurs et se recommande ; il fait antichambre, puis, arrive à l'empereur, se jette à ses genoux et implore une alliance. L'empereur en dicte les conditions et signe. Trois ans après arrive un autre alarmé, le roi d'Italie, qui demande aussi lui à signer pour la paix. On lui accorde cette faveur. C'est la peur, en un mot, qui fit demander ce traité et qui y fit apposer deux signatures. L'empereur d'Autriche, entre son cousin d'Allemagne et celui d'Italie, représente Jésus-Christ sur la croix entre deux larrons. Ici les larrons demandent pardon, semblent vouloir renoncer à dévorer : ils confessent simplement leur faiblesse.

8° Dans la brûlante question entre Bismarck et l'Espagne au sujet des îles Philippines, Bismarck qui l'avait provoquée hésite, et ne sachant comment battre en retraite, il prie le Saint-Père d'intervenir et de prononcer un jugement à la Salomon.

9° Lorsque le Czar fait prendre Battenberg dans son lit et lui donne la chasse (c'est prendre Bismarck lui-même par le cou), le piteux Bismarck n'ose arguer une parole.

10° Mais quand Bismarck devient sublime et prodigieux, c'est dans un de ses derniers discours au *Reichstag*. Il fait une longue revue rétospective de sa politique. Il parle beaucoup de la Russie et il a l'impudence de dire qu'il a tout fait pour elle au Congrès de Berlin. Quant à la France, il n'a rien fait pour lui faire oublier 1870 et 1875, mais sans succès. Le bouquet est pour l'Autriche. En 1870, dit-il, l'empereur eut des velléités de marcher avec la France contre nous, mais depuis, il a changé d'avis ; et suit une chaleureuse déclaration d'amour à l'Autriche. Si l'Autriche n'existait pas, il demanderait à la créer telle qu'elle est, pour l'intérêt et l'existence de l'Allemagne. Que peut donc craindre l'Autriche de cette Allemagne dont le cœur bat si fort pour elle ? Oui, l'Allemagne et l'Autriche sont liées d'intérêt et d'amour, leur alliance est inébranlable, elle sera éternelle.

O Saint Basile de Bismarck, es-tu menteur, hypocrite et lâche !

11° Meurt Guillaume le Victorieux. Sur son lit de mort il pleure comme un enfant. Réconciliez-vous avec la Russie, réconciliez-vous avec la Russie, répète des centaines de fois le vieux *mômier*. C'était un reproche à Bismarck, c'était lui dire : « Tu n'as su faire que le mal et rien de bon ».

12° Arrive et meurt encore *Frédéric*, le plus compromis de tous les *Hohenzollern*. Lui succède son fils *Guillaume II*. Bismarck respire et se réjouit en secret. Cette fois, il est maître..... de la place de Berlin. Il dresse son petit souverain encore un collégien, et la leçon discrètement apprise, il le fait courir toutes les cours de l'Europe, assurant tous les souverains de son respect et de son amour. Bismarck ne l'accompagne nulle part, parce qu'ayant trompé tout le monde, il a honte de lui-même et n'ose plus faire acte de présence.

Avons-nous, oui ou non, raison d'appeler le Chancelier de fer: Chancelier de terre cuite. Il a la voix rauque parce qu'on ne parle plus haut à Berlin.

*
* *

Napoléon Ier disait que l'Autriche était toujours en retard d'un an et d'une armée. On dirait qu'elle a voulu faire mentir Napoléon, car il y a deux ans, elle fit un coup hardi, elle fit une loi en vertu de laquelle tous les hommes valides de 20 à 40 ans, sont déclarés soldats de première ligne, c'est-à-dire devront tous aller au feu si besoin est.

Les autres puissances suivirent son exemple, de manière que l'Allemagne compte 7 millions et plus, de soldats de première ligne ; la France, 6 ; l'Autriche, 5 ; l'Italie, 4 ; la Russie, 8 ; total, 30 millions de soldats, tous pourvus des armes les plus perfectionnées, canons et fusils à longue portée et à tir rapide.

Et qui est-ce qui a poussé l'Europe à un armement? Les gestes de l'Allemagne en 1870 et 1875, c'est-à-dire, les milliards pris en 1870, et ceux qu'elle voulait prendre en 1875. Cette rançon effraya les grandes puissances voisines. La politique de paix et d'amour qu'on chante aujourd'hui à Berlin et en Italie, ne persuade personne. Les grandes nations, encore moins que les petites, ne veulent pas mourir ; cependant aucune n'est sûre du lendemain, et toutes souffrent de la paix armée.

Les vaincus en ordre de date sont : l'Autriche en 1859, le Danemark en 1864, de nouveau l'Autriche en 1866, la France et le Pape en 1870, et la Russie en 1878, lorsque le Congrès de Berlin transforma les victoires russes en défaites.

Les vainqueurs sont : l'Allemagne et l'Italie, puis vient l'Angleterre, leur alliée naturelle, qui a su s'installer en Egypte où elle règne actuellement en souveraine. La Roumanie ayant pour roi un Hohenzollern, entre secrètement de fait dans cette Ligue qui est encore renforcée par la Turquie où commandent des officiers allemands. Qu'on ajoute encore la Bulgarie, si l'on veut.

Lorsqu'on observe un peu attentivement les forces respectives des vainqueurs et celles des vaincus, on reconnaît que les vaincus sont plus forts que les vainqueurs : mais les vaincus ne sont pas rassurés pour cela, il faut prévenir les surprises. Les vainqueurs sont dans une position difficile, insoutenable, n'ayant vaincu qu'à moitié ; ils se recommandent à l'Autriche et, parlent de paix parce qu'ils ne peuvent parler de guerre, ils parlent de paix pour endormir ; mais qu'il vienne un coup de vent chez l'un des vaincus capable de paralyser leur action, et les vainqueurs de recommencer la guerre avant qu'il ne fasse jour. Donc, il n'y a pas d'illusion possible à se faire, la force des choses pousse à la guerre, et à la guerre générale. Il faut dissiper les craintes, asseoir l'Europe sur de nouvelles et solides bases, il faut satisfaire à certaines grandes aspirations nationales.

Et comment devraient opérer les vaincus, qui sont les plus forts, pour chasser tous les points noirs de l'horizon politique et faire briller un ciel serein pendant des siècles. Rien de plus simple.

Des auteurs ont dit : « *Les guerres de Napoléon Ier ont été comme les inondations du Nil : Quand les eaux du fleuve couvrent la campagne d'Egypte, on pourrait croire à la dévastation, mais à peine se sont-elles retirées, l'abondance, la fertilité naissent sur leur passage.* »

Les guerres de Napoléon Ier ne sont en fin de compte que des guerres de la France, et puisque les guerres de la France portent après leur passage l'abondance et la fertilité, en avant donc la France sur le Rhin. Il ne doit pas être simplement question de revendiquer l'Alsace et la Lorraine, la France doit s'emparer et pour toujours de la rive gauche du Rhin. Ces provinces deviendront riches et prospères faisant partie de la grande famille française, et leurs habitants pourront à leur gré descendre librement vers le sud. La France retourne à ses plus grands jours de gloire, de grandeur, de puissance, de richesse et de prospérité. Par le fait même de la conquête des provinces du Rhin, Paris arrive en cinq à six ans à trois millions d'habitants, et se montre toujours la plus grande métropole de l'univers.

Un Napoléon Ier passant par Berlin déposerait tous les Hohenzollern, mais si on veut les faire vivre pour leur propre honte, nous y consentons, à condition qu'on réduira cette Prusse à sa plus simple expression. Les provinces de la Pologne qu'elle possède devront lui être enlevées, afin de l'affaiblir encore.

Le Danemark reprend ses provinces.

Tous les anciens roitelets sont rétablis sur leur trônes, mais sans rapport avec la petite Prusse, laquelle doit former une espèce de oasis dans l'Allemagne. Lorsque les Allemands se verront dans l'impuissance absolue de faire le mal, ils deviendront simples, modestes, studieux, amants de la liberté qu'ils invoqueront pour protéger leur indépendance. Ils ont déjà beaucoup de religions ; or, ils feraient bien d'introduire encore dans leur pays celle de Maltus pour enseigner à leurs blondes Allemandes à faire moins d'enfants. Ce serait un premier pas dans la voie de la prospérité.

Passons à l'Autriche.

Nous regrettons que l'empereur d'Autriche soit un peu trop catholique, toutefois nous l'aimons parce qu'il a le talent de jouer Bismarck et Crispi, de les dompter, de les tenir à genoux à ses pieds ; nous l'estimons parce qu'il a 5 millions de soldats ; et il ne les fera pas servir comme d une simple escorte pour se replier sur le bas Danube, ainsi que le voudrait Bismarck, mais pour défendre sa capitale, pour dormir et reposer tranquillement, sa tête et son cœur reposeront avec toute tranquillité à Vienne lorsqu'il n'y aura plus d'Allemagne menaçante, lorsqu'il pourra reporter ses bras dans l'Allemagne comme autrefois, et, de plus, allonger les jambes et les pieds jusqu'à Salonique.

Et la Russie !

La Russie de Catherine, de Pierre le Grand, des Alexandre, de l'immortel Gortschakoff, descendra majestueusement sur Constantinople par le bas Danube, se frayant une grande route, large de tant de myriamètres qu'il lui p'aira.

Nous avons dit qu'il était très facile à la Ligue des vaincus d'opérer cette transformation et de devenir vainqueurs. Cependant il y a un *mais*, et c'est ce *mais* qui empêche tout ; il manque le bras de la France, le bras principal, celui qui aura à soutenir le grand duel avec l'Allemagne.

Les hommes qui régissent la France depuis onze ans parlent toujours de paix et déclarent la vouloir sincèrement. Et nous les croyons. Ils ont leurs bonnes raisons. Ils veulent maintenir le Concordat, une ambassade près le Vatican, assurer le budget des cultes au clergé, et rien de plus. La République française, on le voit, sert de bouclier, de paratonerre à l'Allemagne et à l'Italie, elle les protège, et se protège à son tour contre elles par des frontières bien fortifiées, par une puissante armée ; l'Autriche et la Russie lui viennent en aide, en consentant à monter la garde en sa faveur, et réciproquement. Tout cela est de la politique d'observation, la politique de la paix armée si onéreuse pour certaines nations, c'est la politique du jour.

La politique extérieure de l'Autriche et de la Russie dépend exclusivement de leurs empereurs, celle de la France, au contraire, est sujette à toutes les oscillations de la politique intérieure. Dans les Républiques, il y a les rivalités des hommes et des partis, il y a tous les jeux de bascule qui font descendre les uns, monter les autres. Nous continuerons notre politique internationale comme si la France avait au pouvoir des hommes disposés à tendre la main à l'Autriche et à la Russie.

Lorsque ce jour désiré arrivera, l'Italie se trouvera dans un très grave embarras, c'est pourquoi il lui conviendrait dès aujourd'hui d'en finir avec les stériles et vaines récriminations, et faire de la politique sérieuse et sage. La France et l'Italie ne peuvent pas être alliées un seul jour, une seule heure. Premier embarras pour l'Italie. Les alliances sont toutes formées ; celle où entre la France nous semble la plus forte et très bien composée. Les alliés ont tous perdu quelques provinces, mais ils ont conservé presque toutes leurs forces, assez pour recommencer la guerre avec succès. Le Pape est le cinquième allié. Lui seul a tout perdu, Romagnes, Marches, Ombrie, Patrimoine de Saint Pierre. Et le roi d'Italie voudrait encore ravir au saint homme son Pouvoir spirituel. C'est en un mot un vrai Job. Seulement Job savait se résigner, il disait : Dieu m'a tout donné, il m'a tout ôté, que son saint nom soit béni. Mais le Pape ne se résigne pas. Comme Vicaire de Jésus-Christ, le Pape ne peut pas prêcher la guerre. mais secrètement il est l'âme de la coalition.

Dans ses heures de bonne humeur Pie IX disait : « Pour les Français il n'y a pas de Purgatoire ; ils sont tous ou de fervents catholiques, qui vont directement au Paradis, ou des voltériens condamnés à l'enfer ». Et malgré que le bon Pie IX envoyât plus de la moitié des Français à l'enfer, les voltériens et les républicains patriotes ne repousseront pas la main des catholiques le jour de la rescousse. L'amour de la patrie unira de cœur et d'âme tous les Français.

La France pourra s'intéresser au Pape, mais ce n'est pas à croire pour cela qu'elle puisse méditer une expédition pour la restauration du Pouvoir temporel. Cette grande restauration sera l'affaire des grandes puissances catholiques et non de la France en particulier. D'ailleurs chaque chose en son temps. Après la grande tragédie militaire jouée, nous ne savons en combien d'actes, viendra la *farce*, qui sera jouée en faveur du Pape.

Les nations catholiques, toutes préoccupées de leur propre existence, observent l'Allemagne, étudient les moyens de démolir cet empire des *Hohenzollern*. Si guerre il y a, elle commencera contre l'Allemagne ; on respectera l'Italie, et c'est ce qui embarrassera l'Italie ; l'Allemagne n'ira pas au secours de l'Italie, c'est l'Italie qui devra aller au secours de l'Allemagne, ce qui change complètement les rôles. L'Italie attaquerait-elle la France ? C'est plus que douteux. Elle entrerait en fureur, menacerait. La France répondrait froidement, elle dirait aux Italiens comme les Français dirent aux Anglais à Fontenoy, elle dirait : « Messieurs les Italiens tirez les premiers ». L'armée italienne est brave, elle serait relativement plus à craindre que l'armée prussienne si elle était à Nice et en

Savoie, mais elle est de l'autre côté des Alpes. Que de Dogali elle trouverait sur son chemin ! Elle ne peut se risquer sur la route de la Corniche. Elle pourrait peut-être tenter avec plus de succès à travers le Mont-Cenis, mais elle n'aurait pas avancé de quelques pas, qu'elle entendrait réciter le *Miserere* de la Prusse.

La France ferait simplement de la défensive. Avec 100,000 hommes, elle tient en respect toutes les forces italiennes, et elle poursuit ses opérations contre l'Allemagne, comme si l'Italie n'existait pas. Et l'Italie se trouverait dans une double fausse position. En tirant le canon, elle ne ferait point de mal à la France, mais elle s'en ferait terriblement à elle-même.

Et si guerre il y avait, le Pape partirait-il de Rome ? Il partirait pour trente-six raisons. On parle souvent de son départ, mais simplement comme d'une éventualité. Il ne fuira de Rome que dans le cas d'une guerre certaine. Sa fuite serait un sûr indice qu'on serait à la veille des hostilités. Il irait probablement en Espagne, sur la terre classique du catholicisme, loin du théâtre de la guerre.

Si la guerre était déclarée à l'Allemagne, l'Italie ne serait plus qu'un volcan. Toucher à l'Allemagne ! Mais l'Italie voudrait foudroyer les ennemis de son alliée. Lorsque l'Italie se verrait dans l'impuissance de faire la guerre militairement, elle la ferait moralement, les Italiens vomiraient toutes les insultes, toutes les imprécations aux ennemis du dehors et du dedans. La place de Saint-Pierre à Rome, serait jour et nuit pleine de Cipriani et de Passanante qui menaceraient le Saint-Père et les Cardinaux du supplice de Giordano Bruno. Le roi et Crispi auraient-ils le courage et la force de dominer ces forcenés ? On en peut douter.

Le Pape et les Cardinaux connaissent à la lettre l'histoire de 89, et comprendraient qu'ils se trouveraient dans les mêmes conditions que Louis XVI et sa famille qui ne surent ou ne purent fuir à temps et durent porter leurs têtes sur l'échafaud. Donc, Pape et Cardinaux fuiraient à temps. Ils ne le pourraient plus le jour où la mer Méditerranée serait sillonnée de vaisseaux de guerre.

Pour rétablir le Pouvoir temporel, il faudrait faire la guerre à l'Italie, il faudrait faire le siège de Rome. Comment le Pape pourrait-il rester impassible et tranquille en entendant les canons des assiégeants et ceux des assiégés. Les Cipriani et les Passanante ne seraient-ils pas plus que jamais portés à faire l'assaut du Vatican ? Les pétroleurs de Paris n'ont-ils rien enseigné ? Et les Italiens sont autrement plus furieux, plus violents que les Parisiens.

Supposons encore cet autre cas. L'empire allemand est démoli, la France est sur le Rhin, l'Autriche à Salonique et la Russie à Constantinople. La guerre serait-elle continuée immédiatement contre l'Italie, ou y aurait-il une trève pour tenir un Congrès, pour discuter des affaires de la Péninsule ? S'il y a un Congrès préliminaire, le Pape voudra s'y faire représenter pour tonner contre la Maison de Savoie, et pérorer en faveur des Bourbons de Naples et de la Toscane, sans oublier l'Autriche. Il demandera qu'on refasse de l'Italie une expression géographique comme en 1815 et pour parler ou faire parler haut au Congrès, il ne le peut pas du Vatican.

Le clergé, dans toute la catholicité, chante des *Te Deum* pour remercier Dieu d'avoir écrasé, pulvérisé les ennemis de l'Église. Processions partout, pélerinages à Lourdes, à la Salette, à Séville. Ce n'est qu'un concert d'hymnes et de louanges à Dieu et au Saint-Père. Il faut préparer le retour de Sa Sainteté dans la Ville Éternelle. Déjà des troupes de toutes armes de la France, de l'Autriche, de l'Espagne et de la Belgique le précèdent dans ses États pour le recevoir, pendant que les escadres belligérantes vont le prendre dans un port de l'Espagne. Ces brillantes escadres sont suivies de centaines de vaisseaux, portant des milliers de pélerins et de pélerines, qui veulent accompagner Sa Sainteté ; d'autres centaines de milliers la précèdent par terre à Rome. Cette forêt de vaisseaux sillonnant la mer le long des côtes ; des milliers de drapeaux qui flottent au vent ; les salves d'artillerie, les chants, la musique remplissant l'air ; les démonstrations des villes et des villages du littoral qui répondent ; tout cela donnerait lieu à un spectacle dont le monde n'aurait jamais eu l'idée. L'Église est maîtresse dans l'art des représentations à effet théâtral.

A la grande humiliation, une céleste réparation. Et la réparation ne pourait être solennelle, si le prisonnier restait dans sa prison.

Donc, le Pape partira en son temps, et retournera.

Nous avons déjà dit que l'Italie et la France ne peuvent être alliées un seul jour, et nous continuerons à le démontrer.

Dans ces derniers jours, un éminent publiciste italien, le sénateur *Jacini*, a publié ses méditations sur la politique du jour, en traitant le sujet suivant : *Mégalomanie italienne* ou *Manie des grandeurs*. La mégalomanie est une maladie mentale. Un mégalomane se croit un Napoléon Ier, un autre un Crésus, un autre un grand musicien, un autre un persécuté. La mégalomanie ou manie qui travaille l'Italie, dit Jacini, c'est la manie des grandeurs. Cavour fut un grand mégalomane, toujours poussé par la manie des grandeurs. La France, l'Allemagne, la Russie, l'Ang'eterre ont aussi la manie des grandeurs ; ce n'est donc pas une maladie propre à l'Italie seulement. C'est après tout une noble maladie, mais elle ne devrait pas dégénérer en folie et porter au suicide.

Nous nous sommes toujours efforcés de démontrer, et

pour atténuer sa faute, que l'Italie fut entraînée par la force irrésistible, précisément par la manie des grandeurs, à abandonner la France en 1866, pour marcher avec l'Allemagne, à l'effet de réaliser ses beaux rêves : Conquérir Rome et retourner à Nice et Savoie ; abaisser la France pour grandir l'Italie et l'Allemagne. Le rôle politique qu'elle joue depuis 1866 ne la recommande pas à la France certainement ; si on voulait rester sur le terrain des récriminations, elle ne pourrait se soutenir et se défendre ; si elle a eu quelquefois à se plaindre, c'est la conséquence de sa désertion ; elle ferait donc bien de reconnaître ses torts, de les confesser, de reprendre sa position de 1859 et 1860, c'est-à-dire abandonner Rome et l'Allemagne pour faire de la politique exclusivement italienne. Elle ne pourra jamais se sauver de deux périls : sa p r-manence à Rome et son alliance avec l'Allemagne. Oser crier : vive l'Allemagne, après ses faits et gestes de 1870 et 1875, après les milliards pris et ceux qu'elle voulait prendre, vouloir lier son sort à celle d'une criminelle, d'une condamnée, ce n'est plus de la manie des grandeurs, c'est tout à fait celle de la fo ie ! La France, qui compte plus de voltairiens et de catholiques indifférents que de catholiques fanatiques, ne souffre nullement de l'occupation de Rome par le gouvernement italien ; la France souffre de son propre abaissement, de son isolement dans le monde, mais elle est en travail d'enfantement pour porter au Pouvoir des patriotes.

Une vaste Ligue des patriotes qui enlace toute la France, est formée. A la tête de cette Ligue entrent les républicains patriotes ; puis, toute la noblesse française, qui est éminemment patriote, mais très catholique ; le Clergé réputé lui aussi très patriote, mais catholique de nom et de fait ; puis encore une nombreuse armée de catholiques ; puis, viennent les conservateurs de tout rang, banquiers, capitalistes, rentiers, manufacturiers, négociants, propriétaires, cultivateurs, ouvriers des champs et des villes, tous ceux enfin qui se sentent battre le cœur d'un noble patriotisme, fiers de porter le nom de Français, tous ces citoyens sont en train de porter au Pouvoir des patriotes. Or, le jour où ces nouveaux hommes seront au Pouvoir, la République devra donner satisfaction aux patriotes catholiques, amis et alliés du gouvernement, elle devra la leur donner en son temps en restaurant le Pouvoir temporel.

La France ayant besoin de l'Autriche, de l'Espagne et de la Belgique dans toutes les questions européennes, et ces trois nations catholiques demandant à hauts cris le rétablissement du pouvoir temporel, la France devra par nécessité et par devoir s'unir à elles pour l'obtenir en son temps.

L'Angleterre et l'Italie ne cessent de dire : la guerre ne se fera pas ; les horreurs qu'inspire la guerre empêcheront la guerre ; les résultats d'une guerre générale sont si incertains que chacun craignant pour soi-même, tous sont intéressés à l'éviter. Tous ces arguments sont dictés par la peur, chantés par l'Italie et l'Angleterre pour se maintenir à Rome et en Egypte et pour sauver l'Allemagne.

La France ne doit avoir peur que de son isolement, isolement qui la peut conduire sur le *rog* si elle ne sait trouver à temps la route pour s'unir à la Russie et à l'Autriche. Mais que la France brise ses menottes et devienne libre dans ses mouvements, ce jour-là la Ligue des vaincus pourra déclarer la guerre, mille fois certaine de ses résultats.

Nous avons déjà démontré qu'on opère la démolition de l'empire allemand sans l'Italie et malgré l'Italie, comme si elle n'existait pas.

La guerre commencera par un duel à deux, la France et l'Allemagne, nous supposons. Mais la Russie et l'Autriche serviraient de parrains à la France, et quels parrains ! Si la France pliait, les parrains interviendraient et l'Allemagne expirerait en quelques jours de combat. Mais l'armée française ne pliera pas parce qu'elle ne peut pas plier, à moins que ne retourne à la commander Napoléon III. Les soldats de Wissembourg, de Woërth, de Borny, de Mars-la-Tour, de Gravelotte nous disent ce que seront ceux de la rescousse. Ce jour-là, la terre tremblera, le ciel deviendra couleur de feu, les mamelles des animaux se tariront, 10 millions d'hommes s'entregorgeront à la face du soleil ; ce sera quelque chose de terrible et d'horrible, mais la France aura la gloire d'écrire la victoire à son captif.

Quant à la descente de la Russie sur le Bosphore et de l'Autriche sur la mer Egée, elle se fera ensuite et presque sans résistance de la part de la moribonde Turquie.

Et que ferait l'Angleterre ? Rien. Nous ne savons pas si la liberté des Détroits sera agitée au futur Congrès. Dans le cas probable qu'elle le soit, et que la Russie voulût revendiquer cette liberté pour faire passer librement ses vaisseaux de la Baltique dans la mer Noire, et du Bosphore dans l'Extrême-Orient sans vouloir saluer les canons de l'Angleterre à Gibraltar et au canal de Suez, l'Angleterre sera contrainte d'évacuer ces positions qui lui sont si chères. La Russie atteint l'Angleterre en Egypte en descendant par l'Arménie ; la France et l'Espagne ont le moyen de neutraliser son action à Gibraltar en braquant de gros canons à Tanger. L'Angleterre ne bougera pas, d'autant plus que personne ne la menace dans son empire. Elle perdra de son influence, mais rien dans ses intérêts. Et la perfide Albion est trop prudente pour se compromettre pour les autres

L'Italie peut-elle espérer quelque chose de l'Espagne et de l'Autriche ? Elle a au contraire tout à craindre. Ces deux nations étant gouvernées par des Bourbons, il est évident que les Bourbons d'Espagne et surtout ceux d'Autriche ne pensent qu'à reporter sur leurs trônes les anciens Bourbons d'Italie, d'ailleurs, vivement désirés par le Pape lui-même.

L'Italie peut et doit espérer de la France seulement. Pourquoi Napoléon III s'intéressa-t-il tant à l'Italie ? Pour l'avoir forte et alliée, pour diminuer l'influence des Bourbons en Europe, ayant déjà lui-même à lutter contre les Bourbons de France à l'intérieur, il réduisait le Pouvoir temporel à sa plus simple expression pour tempérer le Pouvoir spirituel.

La République se trouve dans les mêmes conditions que Napoléon à l'égard des Bourbons. Des hommes nouveaux arriveront au Pouvoir, ils s'entendront avec l'Espagne et l'Autriche. Combattre contre l'Allemagne d'abord, ensuite pour la Restauration du Pouvoir temporel, mais ce Pouvoir temporel devrait être limité au patrimoine de Saint Pierre. Une France démocratique doit une certaine satisfaction à l'Eglise, aux catholiques français, au Pape lui même, mais elle doit dominer tout ce monde et penser en même temps aux principes de 89. A cette fin, elle doit tenir en respect l'Autriche, et éloigner l'Autriche et ses Bourbons de l'Italie. Une France démocratique a intérêt à défendre l'unité italienne, afin que l'Italie s'unisse à elle pour défendre les libertés dont le monde jouit. Il faut abattre l'Allemagne, pour se sauver du *Rog*, mais il faut penser aussi à ne pas retomber sous la férule de la réaction, qui pourrait être tentée de recommencer son vieux jeu.

Si l'Italie liquidait avec elle-même, avec le Pape et le monde catholique, elle reprendrait sa place dans la Ligue des vaincus sans être obligée de combattre. Les nombreux amis et partisans qu'elle a encore en France doubleraient et pourraient parler haut et ferme en faveur de l'Italie de 1859 et 60. Comme c'est l'Italie qui a abandonné la France pour se donner à l'Allemagne, c'est à elle à se détacher de l'Allemagne pour retourner avec la France.

L'Italie est aujourd'hui la sixième des grandes puissances, demain elle serait la cinquième, l'Allemagne n'existant plus. Elle n'aurait qu'à respecter pour être respectée. Une fois reconnue par le futur Congrès où elle siégerait, amie des vainqueurs, elle ne serait jamais plus discutée.

Nous sommes Voltairien, et nous sommes néanmoins grand partisan du Pouvoir temporel ; il faut laisser au Pape un lambeau de terre ou il puisse vivre librement pour communiquer librement avec le ciel, et la Ville Eternelle, la Ville Sainte se recommande d'elle-même. Plus le Pouvoir temporel est restreint, et moins le Pouvoir spirituel pèse dans le monde. C'est tout à l'avantage de la démocratie. Dans un monde libre, il faut une place pour chacun et ce chacun doit être respecté pour qu'à son tour il respecte les autres.

En restant à Rome, le gouvernement italien se perd toujours plus, il sert le Pape parce qu'il lui permet de pouvoir fuir, et une fois parti, l'Italie n'a plus le moyen de prévenir le péril qui la menace. Elle est obligée de rester en attitude défensive, jetant le défi à ses ennemis. Si, au contraire, l'Italie sait se retirer à temps de Rome et se replier sur Florence, elle déconcerte le Pape, le déjoue dans ses plans, l'oblige à rester à Rome. La pompeuse et solennelle rentrée ne peut plus avoir lieu, adieu représentation à effet théâtral. De Florence, la Maison de Savoie est en droit d'entrer au Congrès comme le Pape et d'y défendre ses intérêts. La France tenant deux provinces, Nice et Savoie, pour compensation de l'unité italienne, aurait l'impérieux devoir de défendre cette unité telle que l'avait faite Napoléon ; rien de plus, mais rien de moins. Or, si l'Autriche était déjà disposée à marcher en 1870 avec la France contre l'Allemagne, c'est qu'elle était parfaitement disposée à reconnaître les faits accomplis en Italie ; elle ne serait pas plus fière demain qu'alors. L'Autriche est capable d'accommodement.

Mais il convient de nous arrêter, sachant bien que nous ne persuaderons personne. Comment en effet être entendu de ceux qui ont toujours à la bouche le cri de guerre : *Avanti Savoia, e avanti sempre* ! En avant Savoie, et en avant toujours ! Espérer de les entendre une fois crier : En arrière d'un pas, Savoie, nous ne sommes pas simples à ce point. On a tant déraisonné, qu'il n'y a plus possibilité de raisonner. Nous avons voulu faire toute cette longue revue rétrospective de politique internationale pour peindre la situation politique de l'Europe ; nous nous sommes plus spécialement étendu sur la politique franco-italienne, pour démontrer à l'Italie que poussée par la manie des grandeurs elle a toujours déraillé volontairement, s'éloignant le plus possible de la France pour se rapprocher de l'Allemagne. L'avenir nous dira si elle fut bien ou mal inspirée.

Quant à la France, elle n'a pas imité l'Italie, elle ne s'est éloignée et rapprochée d'aucune puissance, elle se complaît dans son état de léthargie et d'isolement, les Français en sont encore aujourd'hui à la recherche des hommes qui doivent la sauver.

C'est le cas de chanter avec Béranger :

> Ah ! si les morts sortaient de leurs tombeaux,
> Que diraient-ils en voyant cette France,
> Ah ! si les morts sortaient de leurs tombeaux !

Paris. — Imprimerie Moderne. — Dr TOWNE, 5, rue Saint-Josphe.